나를 찾을 결심

서동석 지음

온전한 행복을 위한 수행공부

에머슨하우스
교육연구소

스스로 자신을 구하면 완전하고,
남이 구하면 엉성하다.

《참전계경》 〈178사〉

일러두기

이 책의 내용은 필자가 그동안 출간한 《인문학으로 풀어 쓴 건강》, 《자연》, 《에머슨, 조화와 균형의 삶》, 《에머슨 인생학》, 《밥》, 《나는 좋은 부모인가》, 《삶의 만족은 어디에서 오는가》, 《공자 노자 석가 예수를 관통하는 진리》, 《나답게 사는 법》, 《주역 인생 전략》, 《경계를 넘어 통합을 보다》, 등에서 단편적으로 선보인 수행에 관한 것들을 체계적으로 종합한 것이다. 《성경》의 인용은 천주교와 개신교가 공동 번역한 것을 그대로 인용했으며, 구체적인 장과 절을 밝혔다. 《참전계경》은 구체적인 사(事)를 밝혔다. 그 외에 일반적인 내용은 저자명이나 작품명만 밝혔다.

목차

나를 바로 세우는 일, 수행(修行)

누구나 행복하게 살기를 원한다. 다만 자신이 처한 상황에 따라 행복의 의미가 다를 뿐이다. 행복을 추구하는 방향은 천차만별이지만, 크게 보면 인생항로는 물질적 삶과 정신적 삶으로 갈린다. 행복하기 위해 대부분은 물질적, 외형적 가치를 추구하고 있다. 반대로 소수이지만 정신적, 내면적 가치를 추구하는 이들도 있다.

물론 모두가 추구한 바를 얻을 수는 없다. 외적 가치는 한정되어 있고, 내적 가치는 얻기 힘들기 때문이다. 따라서 극소수의 사람들만이 원하는 성공을 맛볼 수밖에 없다.

그렇다고 소위 성공한 이들이 모두 행복하지도 않다. 자본주의 사회에서 성공의 제일 척도는 돈일 텐데, 돈이 가장 많다는 재벌들의 삶을 보면 마음이 그리 편안하지만은 않은 것 같다. 예를 들어, 삼성을 창립한 고(故) 이병철 회장이 생전에 천주교 사제에게 죽음에 관련한 24가지 질문을 한 사실을 반추에 보면, 물질의 허망함을 알 수 있다.

무엇 때문이었을까?

여기에는 논의의 여지가 많다. 그러나 한 가지 분명한 것은 물질적 가치만으로 정신적 행복을 살 수 없다는 사실이다. 돈과 권력 같은 세속적 가치는 인간의 영혼을 만족시킬 수 없다. 단지 일시적인 위안이 될 뿐이다. 때문에 아무리 돈이 많고 권력이 높아도, 정신의 공허함을 채울 수 없다.

반대로 정신적 가치 추구만으로도, 온전한 행복을 누리기 힘들다. 왜냐하면 인간은 몸을 가진 이상 척박한 현실에 발을 디디고 살 수밖에 없기 때문이다. 그러므로 현실을 무시한 정신적 삶 또한 공허하기 쉽다.

우리네 삶은 물질과 정신의 모순 속에 있다.

현재 인류사회는 물질과 정신의 양면에서 불균형으로 고통을 받고 있다. 고통의 근원을 해결하지 못하는 근본이유는 해결방안들 대부분이 현상과 본질 중에서 어떤 특정 부분에 치우쳐 있기 때문이다. 특히 서구의 이론이나 방법들은 대증적인 해결법이 주를 이루고 있기 때문에, 현상의 일부분을 해결하는 경향이 많다. 그래서 대증

요법의 많은 이론이나 방법들이 잠시 유행하다 사라지고 있는 실정이다. 왜냐하면 현상에서는 끊임없이 새로운 문제가 발생할 수밖에 없기 때문이다.

반면에 동양의 해결방안은 문제의 본질에 집중하는 경향이 있다. 예를 들어, 고대의 동양의술은 의술과 철학이 융합된 것이다. 비록 몸과 마음을 통합한 체계를 갖추고 있지만, 상대적으로 정신에 중점을 둔다. 근본 원인을 치유할 수 있지만, 바이러스와 외과적 수술 등과 같은 급박한 치료를 요하는 부분에 있어서는 어느 정도 한계가 있다.

여기서 한번 곰곰이 생각해 봐야 한다. 과연 정신과 물질을 별개로 볼 수 있는 것인가? 그리고 더불어 그 관계의 조화와 균형이 적절한가?

물질과학으로 정신의 문제를 해결하는 것은 한계가 있다. 물질적 문제의 해결방식은 일대일 대응방정식과 같다. 수많은 예외를 다 담을 수 없다, 그래서 예외 없는 규칙은 없다는 말이 나온다.

그렇다면 정신으로 물질의 문제를 해결할 수 있을까? 여기에도 여러 가지 문제가 있다. 우리가 정신이라고 부르는 영적 에너지의 편차가 사람마다, 상황의 변화에 따라, 너무 크기 때문이다. 또한 대부분의 정신과학이 현상의 다양성이 배제된 진공상태에서 실험되기 때문에, 이론과 현실이 맞지 않는 경우가 많다.

너무 물질적으로, 피상적으로, 부분적으로, 또는 반대로 너무 정신적인 특수한 일면에서 문제를 해결하기 때문에, 보고자 하는 대로 보는 현상이다. 더욱이 생명현상을 근원적으로 다루는 철학과 의학에도 자본주의의 병폐가 드리워져서, 새로운 유행을 통해 이익을 올리려는 상술이 생명의 본질을 흐리고 있다.

문제의 핵심은 정신과 물질의 관계회복이다.

정신과 물질의 균형과 조화만이 산업사회의 병폐를 치유하고 원초적 생명정신을 회복할 수 있는 유일한 길이다. 또한 그 길이 동서 통합의 융합문명사회를 여는 열쇠다. 그렇다면 우리는 어떻게 정신과 물질의 모순을 극복하고, 이 시대의 문제이자 나의 문제를 해결할 수 있을까?

해답은 존재의 근원에 대한 각성에 있다.

우리는 육체를 가진 존재로서 물질의 영향을 피할 수 없다. 또한 우리는 물질로 해결할 수 없는 정신이라는 본성을 지니고 있다. 우리의 존재 가치는 현상 속에서 본질을 추구하는 모순에 있다. 이 모순 속에 생명의 신비가 숨어 있다.

정신과 물질의 모순을 해결하기 위해서 우리는 원초적 정신으로 다시 돌아갈 필요가 있다. 현상과 본질의 근원을 가장 밝게 깨닫고, 세상에서 하늘의 도리를 구현한 성인(聖人)들의 삶에서 우리는 그 정신을 찾을 수 있다.

물질적 발달이 극에 이르면, 원초적 정신으로 회귀하는 것은 자연스런 물리적 현상이라고 할 수 있다. 정신문화에서 가장 본받을 원초적 정신은 우리가 성인이라고 부르는 공자, 노자, 석가, 예수 등의 말씀일 것이다. 성인은 표현만 다를 뿐 중도(中道)의 도리를 공통적으로 말씀했다. 성인들의 정신으로 다시 돌아가서, 지금의 인류사회의 문제를 돌아볼 필요가 있다.

이미 많은 학자나 사상가들이 성인들의 중도정신을 탐구하고 밝혀 놓았다. 우리가 할 일은 그 보편정신을 삶속에 실천하는 일이다. 성인의 삶과 말씀은 삶의 모순을 해결하고, 진리에 이르는 가장 좋은 본보기다. 성인들은 수행(修行), 즉 닦고 행함을 일상의 삶에서 실천함으로써, 삶의 모순을 조화시키고 진리를 구현했다.

수행은 나를 바로 세우는 일이다.

나의 모순을 극복하고 조화로운 관계 속에서, 자립을 이루는 삶이 일차적으로 온전한 행복을 이루는 일이다. 그리고 그 삶을 세상으로 확대해서, 세상에서 바르게 사는 것이 수행을 구현하는 일이다. 한마디로 바른 자립과 관계의 균형유지가 수행이다.

바르게 산다는 것이 도덕적 금욕주의를 의미하지는 않는다. 바름은 관계의 적절성을 말한다. 우리의 몸과 마음도 그렇고, 사회 속에서 이루어지는 우리의 삶도 부분과 부분, 그리고 부분과 전체의 관계의 균형이 깨지면, 고통이 유발된다.

현대인이 주로 겪는 우울증, 정신적 고통, 심리적 불안 등은 근본적으로 삶의 모순에서 비롯된 것이다. 따라서 정신질환을 근원적으로 해결하기 위해서는, 삶의 균형을 총체적으로 회복해야 한다. 그것은 나를 바르게 세우는 데서 시작된다.

나는 오랫동안 수행을 연구하면서, 수행의 원리와 방법이 최고의 인간교육 프로그램이 될 수 있을 것이라는 확신을 갖게 되었다. 수행의 모범으로 삼을 수 있는, 성인의 삶과 말씀 속에 있는 공통 도리를 가능한 종교적 색채를 배제하고, 더불어 심신의학적, 정신과학적 방법론을 융합해서 쉽게 제시한다면, 인간의 몸과 마음 그리고 삶을 건강하게 깨울 수 있을 것이다.

이 책은 그동안 다른 책에서 간헐적으로 소개한 수행을 통합해서, 전체적으로 얘기하고 있다. 수행에 관한 복잡하고 어려운 이론과 방법은 최대한 배제하고, 실존주의적이고 실용적 측면에서 수행을 쉽게 풀어 일상생활에 적용할 수 있는 구체적인 예시를 담고 있다. 따라서 일상의 진실한 나를 찾고, 심신의 안정과 건강을 유지하고자 하는 사람들에게 큰 도움이 될 것이다. 또한 전문 수행자에게도 꼭 참고해야 할 내용이 있다. 어떤 수행도 일상의 삶을 도외시 하고 완성될 수 없기 때문이다.

삶의 도리를 이해하는 것과 체득하는 것은 별개의 문제다. 이 책은 나를 찾을 결심이자, 실질적으로 삶의 이치를 닦고 행하는 본격적인 수행여정의 시작을 알리는 신호탄이기도 하다. 이제 수행을 연구하면서 얻은 확신을 구체적으로 실천하고자 한다. 앞으로 이 책을 읽는 독자의 수행 동반자가 되어, 온전한 행복을 함께 누릴 수 있는 대동사회로 나아가고 싶다.

2023년 4월 5일 청명에
구기동 연구소에서
서동석

01

나는 누구인가?

01

나는 누구인가?

인생을 통틀어 진실하게 자신을 생각하는 때가 어느 정도나 될까? 바쁜 현대인 중에서 자신을 진지하게 성찰하며 사는 사람이 과연 얼마나 될지 궁금하다.

매일 아침 일어나면, 나는 기계처럼 하루 일과를 시작한다. 하루의 시작에서 끝날 때까지, 한 순간도 쉬지 않고 수많은 생각이 뇌리를 스쳐지나간다. 그 속에는 내가 의식하지 못하는, 끝도 알 수 없는 심연의 무의식도 포함된다.

한 생각이 하나의 삶이라면, 바다의 모래알처럼 셀 수 없는 많은 삶을 나는 하루에도 살고 있는 셈이다. 꿈속에서도 무수한 의식의 편린들이 떠올랐다, 사라지기를 반복한다. 장자가 말했듯이, 꿈이 생시인 지, 생시가 꿈인 지, 현실과 꿈의 경계가 모호하다.

판에 박힌 생활을 하다가도, 문득문득 내가 누구일까라는 생각이 든다. 내가 누구인 지 알아야, 온전한 행복을 누릴 수 있을 텐데, 그렇지 못하다. 주체가 없는 대상은 성립이 안 되는 명제다. 자신이 누군 지 모르는 상태에서 누리는 행복은 언제 사라질 지 모르는 신기루와 다를 것이 없다.

나는 행복한 삶을 추구하지만, 온전히 행복하지는 않다. 여기에는 분명 이유가 있을 것이다. 그 원인이 어디에 있을까? 불행의 원인을 안다면, 불행의 씨앗을 근원적으로 방비할 수 있을 텐데 말이다. 그 원인을 성찰해봐야겠다.

내 삶의 주체는 나다.

세상을 제대로 살기 위해서는 궁극적으로 인간과 사회에 대한 이해가 전제돼야 한다. 그리고 그 이해는 나로부터 시작된다. 그렇다면 나는 나를 바르게 이해하고 있는가? 부끄럽지만 그렇지 못한 것 같다.

나에 대한 바른 인식은 총체적으로 그리고 양면적으로, 나를 바르게 보는 데서 시작한다. 물질과 정신, 개인과 사회, 부분과 전체 등 여러 각도에서 나를 성찰해보면, 나에 대한 총체적인 모습을 그려볼 수 있을 것이다.

상품화된 나

대표적인 방송매체인 TV에서는 가능한 모든 수단을 동원해서, 각종 제품을 광고하고 있다. 상품뿐만 아니라, 이러저러한 삶의 표준을 제시하는 정보도 있다. 그러나 그런 정보를 세밀하게 보면, 사실상 대부분 광고라는 것을 알 수 있다.

나는 광고의 홍수 속에 살고 있다.

이제는 각종 매체가 손바닥 안 휴대폰 속으로 들어와 있다. 나는 기다리는 전화, 문자 등을 확인하거나, 뭔가 정보를 찾기 위해 휴대폰을 검색한다. 그런 것이 일상화가 되다 보니, 무의식적인 습관처럼 휴대폰을 본다. 검색창을 두드리는 순간 정치, 경제, 종교, 교육, 문화 등 모든 영역에서, 제작자에 의해 의도된 광고에서 한시도 떨어질 수 없다.

첨단 산업사회에서 전개되는 모든 광고는 자본주의 구조 속에서, 인간을 이롭게 한다는 명분으로 소비자를 현혹하고 있지만, 나의 본질과 현상과는 상관없는 것들이 대부분이다. 그러므로 나답게 살고자 한다면, 일단 이러한 것들에 의문을 품을 필요가 있다.

과연 자본주의사회에서 요구하거나 이해하는 사람들의 심리와 세태가 보편타당한 것인가? 그리고 그것이 나에게도 본질적인 의미가 있는 것일까?

사실 이런 의문은 광고를 내보내는 측에서도 필요한 것이다. 시류를 바르게 이해하지 못하면, 사업목표를 이룰 수 없기 때문이다. 예를 들어, 어떤 기업이 새로운 변화에 맞게 영업 전략을 세우려면, 소비자의 심리와 삶의 흐름을 제대로 파악하는 통찰력이 있어야 가능하다.

기업의 부침이 심한 것은 사람들의 풍속을 제대로 파악하지 못하기 때문이다. 물론 거대 기업은 유행을 창출하고, 사람들을 그 흐름에 동참하게 만든다. 하지만 여기에도 한계가 있는 법이다. 문명사회의 생존 양상을 바꿀 정도의 큰 흐름이 새롭게 일어난다면, 거대기업집단도 사라질 수 있다. 마치 한때 지구를 지배하던 공룡이 급작스런 환경변화로 순식간에 사라지듯이 말이다. 지금의 시대 변화가 그런 것 같다.

조직화된 사회는 나를 조직의 일원으로 순응하기를 바란다.

조직에 순응하지 않는 사람들은 왕따가 되거나 비주류로 밀려나게 된다. 그래서 사람들은 주류사회가 만든 표준을 따르게 된다. 우리가 먹고 싶은 음식, 타는 차, 입는 옷, 사는 집 등 대부분이 모두 그러한 결과물들이다. 심지어 사소한 취미활동도 그렇다. 티브이나 인터넷 매체 등의 광고가 우리의 의식을 상품화하고 있다.

심지어 나 자신의 정체성마저 상품화된 것일지도 모른다.

사회가 바라는 대로, 나도 모르게 살고 있다. 사회가 설정한 욕구를 채우기 위해, 명문학교를 나와 좋은 직장에 가고자 한다. 개인의 재능보다는 학력, 경제력, 권력에 따라 사회의 상위조직을 채우고, 아래로 내려가는 사회구조이기 때문이다.

같은 부류의 사람들끼리 모여서 비슷한 라이프 스타일을 유지하며 사는 것이 표준화된 삶이다. 이렇게 사는 것이 정말 행복한 삶일까? 행복이라고 위안하면서 살고 있지만, 속내를 들여다보면, 그리 행복하지만은 않다. 같은 부류 사이에도 격차가 상당히 있어서, 상대적 빈곤감과 열등감이 존재하기 때문이다. 그리고 무엇보다 본질적으로 물질적 가치가 영원하지 않기 때문에, 그런 행복은 일시적일 뿐이다.

물론 사회의 물질적 경향에 대한 반작용으로, 세상의 획일적인 요구를 따르지 않고, 자신만의 삶을 추구하는 사람들이 있다. 요즘 인터넷 매체를 통해 개인방송이 늘어나면서, 자연친화적인, 개인적인 삶의 방식이 소개되고, 많은 이들이 따라하고 있다. 한편으로 긍정적이고 환영할 만한 요소가 많지만, 다른 한편에서 보면, 이러한 현상도 자본주의의 상품화 전략으로 이용되는 측면이 강한 것은 아쉬운 점이다.

나도 유행의 흐름 속에 살고 있다. 하지만 산업사회가 요구하는 대로만 산다면, 나는 영원히 나 자신으로 돌아갈 수 없다. 내가 내 자신의 모습과 정신으로 살 수 없다면, 존재의 의미가 없다. 그러한 삶은 허깨비와 같을 뿐이다. 상품화된 나로부터 벗어나, 상품의 주인이 되는 과제를 해결해야 한다. 이것은 사회적 역할로서 나와 긴밀히 연관된다.

사회적 역할로 존재하는 나

나는 나 홀로 존재할 수 없다. 나의 삶 속에는 내가 인식하지 못하는 수많은 존재들이 생명의 장에서 함께 상호작용하고 있다. 내가 인식하는 것은 극히 일부분에 불과하다.

나는 사회적 존재다.

그러므로 행복은 나와 상대하는 대상과 조화로운 관계에 있어야 가능하다. 넓게 확대하면, 우리사회와 전 세계가 대동사회를 이루어야, 평화공존의 꿈을 온전하게 이룰 수 있다. 그러나 문제는 나를 포함한 우리 모두는 똑같지 않다는 사실이다. 다름을 이해하는 것이 우리가 더불어 평화롭게 공존하는 길로 가는 시발점이다.

사회적 존재로서 나를 가만히 분석해 보면, 나는 다양한 역할로 존재한다는 것을 알 수 있다. 집에서는 부모나 자식으로, 학교에서는 선생이나 학생으로, 직장 등에서는 주어진 직급으로 존재한다. 정치, 경제, 종교와 같은 보다 큰 사회 영역에서도, 나는 역할로 존재할 뿐이다. 누구나 마찬가지 입장이다.

그렇다면 사회적 역할이 나의 진정한 모습인가?

만약 그렇다면, 역할이 사라지는 동시에 나의 존재도 사라질 것이다. 더불어 나와 함께 사회적 역할에 관계된 사람들도 내 역할이 사라지면, 관계를 주고받던 서로의 역할도 함께 사라져야 한다. 이렇게 보면, 사회는 잠시 존재했다 사라지는 허깨비와 같은 온갖 종류의 유령이 모인 공동체와 다를 것이 없다.

사회적으로 표준화된 나는 진정한 내가 아니다.

서구의 많은 이론들이 사회적 역할로 인간을 정의하고, 관계 중심의 효율성으로 인간을 판단해왔다. 물질문명의 발전에는 이보다 좋은 방법론도 없을 것 같았다. 우리도 그 영향을 받아, 현상적 관계의 효율성을 극대화는 하는 데 모든 사회적 역량을 바쳤다.

물질문명은 거대한 기계장치와 같다. 극단적으로 말하면, 나란 존재는 없고 부속품으로서의 나의 역할만이 존재한다. 역할 중심의 사회에서는 역할 속에 내재한 개인의 정신은 중요하지 않고, 역할의 효율성이 중요시되기 마련이다. 역할의 효율이 떨어지는 사람은 경제적으로, 사회적으로 소외되고 고통 받기 쉽다.

여기서 다시 한 번 문제의 본질을 생각해보자. 기계적 효율성만으로 인간사회가 이루어져 있다면, 사실 싸울 일이 없다. 각자 자신의 위치에서 자신의 역할만 충실히 하면 되기 때문이다. 그런데 왜 갈등과 싸움이 인류사회에 끊이지 않는 것일까?

문제의 핵심은 인간이 기계가 아니라는 점이다.

누구나 질서를 원한다. 그러나 아이러니하게도 완벽한 질서 안에서, 변화가 없는 정체된 삶을 살 수 있는 사람은 없다. 끊임없이 새로운 질서를 모색해야만, 유지되는 것이 인류사회의 숙명이다. 더욱이 사람마다 개성이 다르고, 취향이 다르다. 따라서 수많은 개인으로 이루어진 사회에는 서로 모순되는 다양한 문화가 존재할 수밖에 없다. 관계와 관계가 서로 다른 입장과 정서에서 얽히기 때문에, 균형조율이 잘 되지 않으면 충돌이 일어나기 마련이다.

국가 간의 전쟁도 마찬가지다. 상대하는 국가 간의 이익, 이해, 문화, 역사 등 다양한 요소들이 복합적으로 상호작용을 하고, 그 결과가 부정적일 때, 분쟁이 일어난다. 그리고 분쟁이 극에 이르면, 전쟁으로 비화될 수 있다. 지금 전 세계에서 일어나는 전쟁이 모두 그렇다.

물질문명은 이제 한계에 도달했다.

하지만 인간은 물질을 포기할 수 없다. 물질이 없이 산다는 것은 육체 없이 사는 것과 다를 것이 없기 때문이다. 육체를 지닌 인간은 물질의 도움을 받아야 생존할 수밖에 없다.

그렇다고 정신없이 살 수도 없다. 다행히 물질문명이 극에 이르도록 발전하자, 그 반작용으로 절대적 본연의 나 자신으로 회구하려는 경향이 늘고 있다. 그러나 아직 그 흐름이 미약하다. 물질과 정신의 진정한 조화가 필요한 시점이다. 사회적 존재로서의 나와, 본연의 나를 어떻게 조화시킬 것인가가 중요한 과제로 남는다.

의식과 나

현대인은 온갖 고통에 시달리고 있다. 특히 정신적인 고통에 빈번히 노출되어 있다. 사회 관계망 속에서 이해가 복잡하게 얽혀있고, 더불어 관계의 변화가 너무 빠르기 때문이다.

현대의학은 인간의 몸을 정밀하게 나누고, 분석해서 몸의 고통을 치료하고 있다. 뇌과학이 발달하면서, 마음의 고통도 뇌신경을 분석해서 처방하고 있다. 그러나 첨단 뇌과학도 심리적 고통의 근원을 치료하고 있지는 못하다.

현대의학이 한계에 봉착한 이유는 무엇일까?

고통의 근원을 거슬러 올라가서, 이 문제를 생각할 필요가 있다. 몸의 주체는 마음이다. 마음의 의식은 단순히 기계적인 뇌신경의 회로도가 아니다. 그것은 지극히 고차원적인 심신의 융합작용이다. 인간의 고통은 육체적 요인과 정신적 요인이 함께 결부되어 있다. 정신적 고통은 물질적 치료만으로, 완치되지 않는다. 무엇보다 의식의 정화(淨化)가 필요하다.

의식이 나를 결정한다고 보면, 의식의 상태가 바로 나다.

그렇다면 나의 의식은 어떤 상태인가? 안타깝지만 나의 의식은 그리 밝지 못하다. 따라서 나 자신을 바르게 볼 수 없다. 나는 의식의 가면을 쓰고, 인생이라는 연극을 하고 있는 셈이다. 문제는 그 가면이 뒤틀린 자화상이라는 데 있다. 가짜인 내가 본래의 나를 보려고 하니, 볼 수 없다. 의식의 상태를 분명하게 볼 수 없다면, 고통의 뿌리를 제거할 수 없다.

더군다나 내 잠재의식 속에는 수많은 내가 있다. 내가 아닌 수많은 나로 살고 있지만, 가끔 내 내면을 바라볼 때가 있다. 가면에 가려진 나의 의식을 들여다보면, 여러 겹으로 쌓여있는 의식의 층이 있다는 것을 느끼게 된다.

우선 사물을 보고, 소리를 듣고, 냄새를 맡고, 음식을 맛보고, 촉감을 느끼는 5개의 감각기관이 가장 원초적인 의식의 구조를 이루고 있다. 여기에 동물과 구별되는 가장 큰 특징으로서 생각이라는 여섯 번째 감각이 있다.

문제는 생각이라는 감각에 있다.

오감각을 누구나 비슷하게 갖고 있지만, 생각은 각자 다르다. 사람마다 다른 생각의 차이가 문제의 핵심이다. 생각을 폭넓게 보면, 의식이라고 할 수 있다. 넓은 의미의 의식은 우리가 인식할 수 있는 의식과 인식할 수 없는 무의식을 모두 포함한다.

좁은 의미의 의식은 인식 가능한 사유체계다. 그 의식도 다층구조로 되어있다. 여기에 무의식의 세계는 알 수 없는 심연의 바다. 우리가 느끼는 의식은 무의식에 비하면, 바다에 떠있는 빙하의 일부분과 같다.

개인마다 의식의 작용이 일치하지 않는다.

따라서 생각하는 방식도 다르다. 왜 그런 것일까? 여기에는 복합적인 요인들이 작용한다. 유전, 환경, 교육, 문화, 종교, 생활습관 등이 상호작용하여 개인의 생각에 특수한 관점을 부여한다. 각자의 관점이 다르기 때문에, 똑 같은 것을 보고 느껴도, 다르게 보고 다르게 느낀다.

나의 입장에서는 다른 사람의 관점이 편견이 될 수 있다. 상대방의 입장에서는 나의 관점도 마찬가지다. 이러한 구조적 모순을 해결하기 위해, 사회에는 법과 제도가 있다. 그렇다면 법과 제도는 모순이 없을까? 이 또한 모순이 있을 수밖에 없다. 왜냐하면 모순된 이해관계 속에 있는 사람들이 법과 제도를 만들고 집행하기 때문이다. 세상의 모순 속에서 모순이 계속 양산되고 있는 현실이다.

자연의 생명흐름이 상실된 나

고대에 인간은 자연의 변화흐름에 따라 살았다. 특히 동양에서는 농업이 발달해서 부족 단위로 한곳에 머물러 살았다. 농사를 제대로 짓기 위해서는, 단순히 농사기술만이 필요한 것이 아니었다. 계절의 흐름에 따른 식생의 변화를 주의 깊게 관찰해야, 때에 맞게 각종 작물을 키울 수 있었다.

고대의 농업에는 천문(天文), 지리(地理), 의학 등 다방면의 지식과 경험이 총망라되었다. 하지만 현재의 농업은 고대의 총체성이 상실되었다. 농부는 기계적인 일꾼으로 전락해버렸다. 요즘 유기농법이 활성화되어 자연친화적인 농사가 대두되고 있지만, 고대와 같은 총체적인 시각에서 하는 것은 아니다.

현대인은 자연의 생명력을 상실했다.

특히 편리한 물질문명이 발달한 곳에서는 상황이 더욱 심화되어 있다. 20세기까지 인류는, 특히 서구에서는 인간을 물질적 관점에서 이해하려고 많은 노력을 기울였다. 그런데 아이러니하게도 인류는 그럴수록 인간 자신으로부터 소외되는 기이한 현상을 맞이했다.

왜 그런 것일까?

한 마디로 인간과 자연을 분리한 결과다. 우리는 자연을 말할 때,

인간이 자연과 동떨어진 존재라고 착각한다. 인간이 자연을 지배한다고 생각하지만, 실제로는 인간은 자연의 일부분일 뿐이다. 아마도 생존능력만으로 보면, 인간은 반려동물로 돌보는 개나 고양이만도 못할 수도 있다.

개나 고양이는 집밖을 나가도 자연환경에 적응하면서, 살 수 있는 능력이 있다. 그러나 인간은 그렇지 못하다. 인간에게 편리함을 주는 물질적 도구가 모두 박탈된 채 자연 속에 내던져지면, 인간은 얼마나 살 수 있을까? 아마 대부분 단 며칠도 견디기 힘들 것이다. 자연인이라고 불리는 사람들이 자연 속에서도 잘 사는 것은 자연을 이용할 다양한 도구가 있기 때문이다.

인생에서 자연의 생명흐름과 가장 합치되는 시기는 갓 태어난 때이다. 태어나는 순간은, 인간은 동물과 다를 것이 없다. 애기는 먹고 싸고 자는 일이 하루 일과의 대부분이다. 아기의 몸은 자연 그대로의 생명흐름을 지니고 있다. 순수한 의식 속에 있는 갓난아기는 분별의식을 특별히 두드러지게 보이는 경우가 거의 없다.

노자는 이러한 갓난아기의 순수성을 군자가 지녀야 할 덕목으로 보았다. 순수한 상태만이 진리에 접할 수 있기 때문이다.

나는 자연의 일부로서 자연적 생존능력과 더불어 학습과 경험의 대물림을 통해, 총체적 지혜를 습득할 잠재능력을 지니고 있다. 온전한 행복을 누리기 위해서는, 자연의 생명흐름과 조화를 이루면서 스스로 살 수 있는 능력을 회복해야 한다.

성격, 체질 유형으로 나를 한정할 수 있을까?

우리는 각종 심리, 체질 분석을 통해 자신의 개성을 알고 싶어 한다. 많은 이들이 그 분석결과를 통해 자신의 정체성을 찾으려 한다. 때로는 사주팔자의 역술적 감정을 통해 자신의 모습을 그려보기도 한다.

요즘 유행하고 있는 MBTI는 4가지 유형을 조합해서 16가지로 성격유형을 분류하고 있다. 예를 들어, INTJ는 철저하게 계획을 세워서 독립적으로 행동하는 경향을 지닌 전략가로 분류된다. 과연 내 성격을 16가지 유형 중의 하나로 한정할 수 있을까?

MBTI 성격유형은 서양적 분류일 뿐이다.

그렇다면 심리와 생리를 하나로 보는 동양은 어떤가? 예를 들어, 한의학에서는 사람의 체질을 태음인, 태양인, 소음인, 소양인으로 분류하고 있다. 4체질을 8체질로 세분해서, 분류하는 방식도 있다. 체질에 따라 성격도 다르다고 한다.

사실 사람은 4개의 체질을 모두 갖고 있다.

심리와 생리의 변화에 따라, 체질의 발현 정도가 다르다. 성격도 기쁨, 분노, 사랑, 즐거움 등의 기본 감정이 개인의 상황에 따라, 다르게 투영된다. 어떤 특정한 체질이나 성향이 두드러진다면, 그것은 역으로 자신의 심신의 상태가 균형을 잃고 있다는 방증이다.

온갖 특성이 나에게 다 잠재되어 있다가, 원인이 현실에 맞게 드러난다. 다만 나에게 특화된 교육, 유전, 환경, 습관 등에 따라, 성격이나 체질이 드러나는 현상과 정도가 남과 다를 뿐이다. 그러므로 성격이나 체질 분석은 통계자료로 참고하는 것이 좋다. 원치 않는 분석결과가 나와도 상처받을 필요가 없다. 재미삼아 즐기는 정도면 족하다. 유형분석은 나를 정의하는 결정적인 요인이 아니다. 상대적 요인이므로, 맹신하지 말자.

심리나 체질 분석보다는 사주팔자에 의한 운명감정이 자신의 현재 모습을 보는 데 보다 탁월하다는 의견이 있다. 사주팔자는 태어난 연월일시에 나타난 천간(天干)과 지지(地支)의 음양조합에 의해 운명을 판단한다. 정신과 의사 중에서도 이를 활용하는 사람도 있을 정도다.

사주팔자에 의한 운명감정도 한계가 있다.

예를 들어, 한날한시에 태어난 사람들은 모두 동일한 운명을 타고 나야하는데, 실제로는 그렇지 못하다. 일란성 쌍둥이도 각기 다른 삶을 산다. 운명은 결국 자신의 선택과 의지에 달려있다. 옛말에, 어떤 운명 조건보다 마음의 상이 최고라는 말의 이치는 여기에 있다. 심상(心相)은 자신이 스스로 만드는 것이다.

수행 요점정리

- 한 생각이 한 삶이라면, 무수한 삶을 하루에도 살고 있다.
- 여러 각도에서 성찰하면, 나의 총체적인 모습을 볼 수 있다.
- 우리는 제작자에 의해 의도된 광고에서 한시도 떨어질 수 없다.
- 방송 매체의 광고가 우리의 의식을 상품화하고 있다.
- 심지어 나 자신의 정체성마저 상품화된 것일지도 모른다.
- 자신만의 삶을 추구하는 현상도 상품 전략으로 이용되고 있다.
- 사회의 요구대로만 산다면, 나는 나 자신으로 돌아갈 수 없다.
- 상품화된 나로부터 벗어나 상품의 주인이 돼야 한다.
- 삶 속에는 무수한 존재들이 함께 상호작용하고 있다.
- 행복은 나와 상대하는 대상과 조화로운 관계에 있어야 가능하다.
- 다름을 이해하는 것이 평화롭게 공존하는 길로 가는 시발점이다.
- 사회적으로 표준화된 나는 진정한 내가 아니다.
- 물질문명 속에서, 비효율적인 사람은 소외되고 고통 받기 쉽다.
- 문제의 핵심은 인간이 기계가 아니라는 점이다.
- 사회에는 서로 모순되는 다양한 문화가 존재할 수밖에 없다.
- 물질과 정신의 조화가 필요한 시점이다.
- 사회적 존재로서의 나와, 본연의 나를 조화시키는 것이 과제다.

- 의식은 뇌신경의 회로도가 아니라, 고도의 심신 융합작용이다.
- 정신적 고통은 물질적 치료만으로 완치되지 않는다.
- 의식이 나를 결정한다고 보면, 의식의 상태가 바로 나다.
- 내 잠재의식 속에는 수많은 내가 있다.
- 시각, 청각, 후각, 미각, 촉각의 감각기관이 원초적인 의식구조다.
- 동물과 구별되는 생각이라는 여섯 번째 감각이 있다.
- 사람마다 다른 생각의 차이가 문제의 핵심이다.
- 넓은 의미의 의식은 의식과 무의식을 모두 포함한다.
- 무의식의 세계는 알 수 없는 심연의 바다다.
- 각자의 관점이 다르기 때문에, 다르게 보고 다르게 느낀다.
- 현대인은 자연의 생명력을 상실했다.
- 인간은 자연의 일부분일 뿐이다.
- 자연의 생명흐름과 가장 합치되는 시기는 갓 태어난 때이다.
- 노자는 갓난아기의 순수성을 군자가 지녀야 할 덕목으로 보았다.
- 자연의 생명흐름과 조화를 이루는 능력을 회복해야 한다.
- MBTI의 16가지 성격유형은 서양적 분류일 뿐이다.
- 체질은 태음인, 태양인, 소음인, 소양인으로 분류된다.
- 사람은 4체질을 모두 갖고 있지만, 각자 발현 정도가 다르다.
- 성격이나 체질 분석은 통계자료로 참고하는 것이 좋다.
- 유형분석은 나를 정의하는 결정적인 요인이 아니다.
- 사주팔자에 의한 운명감정도 한계가 있다.
- 운명은 결국 자신의 선택과 의지에 달려있다.

02

먼저 수행의 뜻 밝히기

02

먼저 수행의 뜻 밝히기

목표한 곳에 안전하게 가려면, 먼저 가고자 하는 목적지에 이르는 경유지를 분명히 해야 한다. 어떤 방향을 정하느냐에 따라, 여정이 완전히 달라진다. 혹여 잘못된 방향을 택하면, 소중한 시간을 낭비하거나 불의의 고난을 겪을 수도 있다.

나를 찾는 여정도 마찬가지다. 100세 시대를 살고 하지만, 인생항로의 선택에 따라 길흉화복뿐만 아니라, 수명의 길이도 크게 달라질 수 있다. 현상의 나와 본질의 나는 다르기 때문에, 나는 현실 속에서 바른 인생목표를 설정하고, 본원적 차원에서 진리를 추구해야, 인생의 바른 길을 찾을 수 있다. 현상과 본질의 양면을 모두 고려해야, 수행의 목표를 완수할 수 있다.

수행의 의미

수행을 하려면, 먼저 그 의미를 알아야 하겠다. 수행은 표현적으로는 '닦을 수(修)'와 '행할 행(行)'으로 이루어진 글자다. 먼저 닦음은 몸과 마음을 닦음이다. 심신의 묵은 때를 거둬내고, 맑고 밝은 상태를 회복하는 것이다.

수행의 깊은 뜻은 행(行)에 있다.

단순히 심신을 닦는 것이 아니라, 심신이 운행하는 삶 전체를 닦는다는 깊은 의미가 내재해 있다. 우주와 자연은 한 순간도 정체되어 있지 않다. 시시각각 변화가 있다. 우리의 심신과 삶도 시간과 공간의 변화에 따라 변하고 있다. 우리가 잘 인식하지 못하고 있을 뿐이다. 변화를 인식하려면, 정신을 집중해야 가능하다.

정신집중이라는 점에서, 멍 때리는 것은 수행이 아니다.

멍 때림은 말 그대로 정신이 흐리멍덩한 상태다. 멍 때림은 잠을 자는 상태와 비슷하다. 수면을 통해 새로운 생기를 얻듯이, 정신이 나간 상태로 잠시 있는 것으로, 일시적인 휴식과 충전을 얻을 수는 있다. 하지만 맑고 밝은 정신을 유지하는 수행의 의미와는 거리가 상당히 멀다.

수행이 깊은 수행자는 잠을 자도 의식이 또렷하다. 멍 때리고 있지 않은 것이다. 그는 꿈속에서도 꿈을 의식하고, 꿈을 원하는 대로 바꿀 수도 있다.

수행은 변화를 인식하고, 바르게 조율하는 훈련이다.

일차적으로 수행은 몸의 변화를 인식하는 데 있다. 몸은 자연의 일부로서 계절의 변화에 따라, 생체리듬이 다르다. 하루에도 아침과 저녁, 오전과 오후로 다르다. 또한 생체리듬은 자세와 행동에 따라 달라진다. 따라서 몸 차원의 수행은 몸의 균형을 관찰하는 일이다. 한편 몸은 마음과 긴밀히 연결되어 있다. 따라서 수행은 몸과 더불어 마음의 상태변화를 면밀히 관찰하는 일이다.

수행의 실천 단계는 공동체 안에서 내 삶을 관찰하는 것이다.

홀로 외딴 곳에서 아무리 자신의 심신을 잘 관리하더라도, 사람들과의 관계에서 균형을 잡지 못한다면, 수행이 아직 부족하다고 할 수 있다. 삶속에 구현되지 않는 수행은 반쪽자리 수행일 뿐이다. 일상의 삶이 수행공부의 척도가 된다.

수행은 삶의 공부이기도 하다.

삶의 수행에는 시간과 공간의 변화에 대한 바른 인식이 필요하다. 깊은 통찰력과 지혜가 필요한 일이다. 이것은 단순히 앉아서 명상을 한다고 얻어지는 것은 아니다. 우주와 자연 그리고 인간에 관한 공부가 필요하다.

책상에 앉아서 하는 단순한 공부가 아니라, 시간과 공간 그리고 사람 사이에서 상호작용하는 관계의 이치와 도리를 이해하고, 삶 속에 구현하는 일이다. 성인(聖人)의 말씀과 삶을 본보기로 삼는 것이 가장 안전하다.

물질과 정신 양면에서 자신을 구하라

수행의 목적지에 이르기 위해서는, 물질의 도움이 필요하다. 성인 (聖人)의 공통된 가르침은 부귀와 관계없이 자신의 본모습을 회복하는 것이지만, 이것을 부귀가 필요 없다는 뜻으로 받아들이면 큰 오해가 된다. "부자가 하느님 나라에 들어가는 것보다는 낙타가 바늘귀로 빠져나가는 것이 더 쉬울 것이다."<마가복음10:25>라고 한 예수의 말씀은 부귀의 집착이 그만큼 떨쳐내기 힘들다는 의미다.

성인이 일깨우고자 한 것은 지나치게 물질과 권세에 집착하는 인간의 탐욕이다. 물질은 수단이다. 물질적 수단을 확보하기 위해, 사회변화에 따라 직업을 바꿀 수 있다. 수행을 완성해가는 과정에서, 변화의 흐름에 맞게 다양한 삶의 전환이 필요하다. 수행은 머나먼 항로를 가는 것과 같다. 일직선으로 갈 수 없다.

몸이 있는 한 인간은 물질의 구속을 피할 수 없다.

따라서 물질에 구속받지 않으면서, 물질을 다루어야 하는 모순을 극복하는 것이 성공적으로 사는 비결이다. 이 점에서, 우리가 위안을 받을 수 있는 것은 "일체 생활방도와 생산이 모두 실상과 위배되지 않는다."<법화경>고 한 석가의 말씀이다.

우리가 깨달음을 얻기 위해서는 두 가지가 전제되어야 한다. 하나는 수행을 할 수 있는 경제적 능력이고, 다른 하나는 진리를 이해하는 지혜다. 아무리 지혜가 많아도 진리를 추구할 수 있는 여건이 안 되면, 깨달음에 이르기 힘들다. 반대로 경제적 여건은 충분해도 지혜가 없으면, 수행할 수 없다.

수행공부에는 지혜와 생계의 안정이 모두 필요하다.

다만 물질은 성공적인 삶의 결과물로 얻을 때 의미가 있다. 그러나 지금은 직업윤리와 도덕적 삶의 과정은 사라지고, 물질적 결과만 남아 있는 것 같다. 사회전반에 물질주의가 정신을 피폐하게 만들고 있는 실정이다.

중요한 것은 물질을 구하고 베푸는 방식이다.

이 점에서, 물질을 다루는 사람의 그릇이 관건이 된다. 그릇이 작은 사람이 너무 많은 것을 담으려 한다면, 탈이 날 수밖에 없다. 따라서 물질에 앞서 자신의 정신적 그릇을 크게 키우는 것이 무엇보다 중요하다. 정신이 온전하지 못하면, 물질에 치여 욕망의 포로가 되거나, 심리적 공황상태에 빠지기 쉽다.

수행할 결심

자신의 참모습을 찾고 바른 이치를 구현하는 수행에 있어서 가장 중요한 것은 수행하려는 뜻을 세우는 일이다. 뜻이 길이다. 뜻을 바르고 크게 세울수록, 진리의 본체에 안전하게 도달할 수 있다. 심지에 불을 밝히듯, 뜻을 밝게 밝혀야 한다. 뜻이 강할수록, 어려운 난관에 부딪혀도 좌절하지 않고 다시 일어설 수 있다. 초발심이 정등각이라는 말은 이런 이치를 함축적으로 말한다.

문제는 나의 의지다.

나는 의지가 약해서, 뭔가를 결심해도 오래가지 못했다. 수행을 10여 년간 연구해도, 아직 수행을 본격적으로 시작하지 않은 것을 보면 알 수 있다. 현실의 여러 가지 여건들 때문에, 수행하고 싶어도 할 수 없는 상황이었다고, 스스로 위로할 뿐이다.

하지만 이제 더 이상 미룰 수 없다. 냉철하게 나의 상황을 성찰하고, 수행을 시작해야겠다. 내 결심이 꺾이지 않고 지속되려면, 수행과 나의 삶이 분리되어서는 안 된다. 수행 자체가 내 삶의 목적이자 수단이 된다면, 생애를 마칠 때까지 수행을 계속할 수 있을 것이다.
수행이 삶의 수단이 되지 않더라도, 걱정할 필요는 없다. 삶의 방식이 바른 도리를 따른다면, 어떤 삶을 살더라도 곧 수행이 되기 때문이다. 대도무문(大道無門)이라는 말이 있듯이, 진리에 이르는 길은 모든 곳에 열려있다.

그동안 나에게 문제가 된 것은 의지가 약하고, 무엇보다 게으르다는 점이다. 나태함을 깨부수고, 의지를 강화시키는 최고의 방법은 나를 세상에 내던지는 것이다. 사자도 새끼를 강하게 키우기 위해 절벽에서 어린것을 내던진다는 말이 있지 않은가? 인적이 끊긴 숲속이 아니라, 시중의 혼란 속에서 온전한 정신으로 살아남는 것이 수행하지 않는 삶과 다를 뿐이다.

이제 결연한 의지로 수행의 길로 접어들어야 할 때가 왔다.

수행의 관건은 중심잡기

첨단산업사회에서 하나의 일로 평생을 사는 사람은 드물다. 인생은 나그네길이라는 말이 실감나는 세상이다. 한 곳에 머물고 싶지만, 우리가 머무는 사회는 끊임없이 유동하고 있다. 지금은 사회의 변화에 가속도가 붙어서, 정주(定住)의 삶이 경제적이지 않다고 할 정도다. 변화가 빠른 사회에서는 중심을 잡고 살기 어렵다.

우리는 현대판 유목민이라고 할 수 있다.

나그네의 삶을 사는 전형적인 사람들은 유목민이다. 신기한 것은 비록 떠도는 삶을 살지만, 그들은 결코 길을 잃지 않는다는 사실이다. 마치 철새처럼 분명한 회귀본능을 지니고 있다. 뭔가 삶의 중심이 있는 것이다. 삶의 중심이 확고하다는 점에서, 그들의 모습에서 수행자의 느낌이 난다.

역사상 가장 위대한 유목민은 칭기즈 칸이라고 할 수 있다. 그는 어떻게 드넓은 만주를 평정하고, 그 여세를 몰아 중앙아시아를 넘어 유럽까지 넘본 몽골제국을 세울 수 있었을까? 칭기즈 칸은 한곳에 머물지 않고 떠도는 삶을 살았지만, 자신의 중심이 확고했다. 그가 역사상 가장 큰 대제국을 세울 수 있었던 것은 자기중심을 잡고 흔들림 없이 관계를 넓혀갔기 때문이다.

광개토대왕도 마찬가지다. 그는 18세의 어린 나이에 왕위에 올라 39세의 젊은 나이에 세상을 떠났지만, 칭기즈 칸이나 알렉산더에 비견할 만한 광활한 영토를 차지한 인물이다. 단순히 무력만으로 거대한 영토를 정복할 수는 없다. 그것은 그가 세상에 안락(安樂)을 주고자 한, 자신만의 원칙과 실천의지를 확고하게 갖고 있었기에 가능한 일이었다. 대왕들의 삶을 거울삼아 우리의 삶을 반추해보면, 우리가 나아갈 길이 보인다.

삶의 핵심은 변화의 흐름이 아니라, 나의 중심이다.

중심이 바로 서있으면, 변화의 흐름을 탈 수 있다. 나는 중심을 확고히 잡고 살아왔는가? 부끄럽게도 그렇지 못한 것 같다. 시류의 변화에 따라 이리저리 휩쓸려 살아왔다. 생활환경이나 생활방식의 변화보다는 나답게 살지 못하기 때문에, 중심을 못 잡고 부유하는 인생을 살았다. 중심이 없는 허깨비와 같은 삶으로 인생을 많이 낭비했다. 내가 중심을 잃고 헤매면서, 몸과 마음 그리고 삶 전체에서 관계의 균형이 깨졌다. 삶의 고통은 역으로 나를 일깨우는 신호가 되었다.

영웅과 성인(聖人)의 공통점은 자신의 중심을 바로 세우고, 흔들림 없이 자신의 뜻을 세상에 펼쳤다는 점이다. 나를 찾고자 한다면, 무엇보다 자신의 중심을 잡아야 한다.

그렇다면 내 삶의 중심은 어디에 있는가?

나는 현재에 있다

내 삶의 모순을 풀 수 있는 열쇠는 현재에 있다. 생물학적으로 보면, 나는 조상의 모든 유전인자가 나의 체질과 성향에 맞게 조합된 모습이다. 문화인류학적으로 봐도, 나의 개성과 정체성은 과거와 동시대의 문화가 나의 취향에 맞게 선택되고 융합되어, 현재의 상태로 드러난 것이다.

내 삶에 복잡하게 엉킨 실타래도 결국 내 자신이 만든 결과다.

자업자득(自業自得)이다. 나를 확대해서 보면, 우리사회의 모순은 우리들이 만들었다. 내가 지은 업(業)을 다른 사람이 해결할 수 없는 것은 상식이다. 우리사회의 모순과 갈등도 마찬가지다.

나의 모순을 남에게 전가하는 순간, 영원히 나의 참모습을 볼 수 없다. 그래서 공자는 제일 먼저 수신(修身)을 강조했다. 내 자신을 갈고 닦은 연후에, 가정을 바르게 돌볼 수 있다. 그리고 나아가 그 정신을 펼쳐 나라를 다스리고 세상에 평화를 가져올 수 있다. 모든 것은 나에게서 비롯된다.

나의 모순은 인류사회의 모순과 연결되어 있다. 따라서 내가 존재하는 현재에서 균형의 중심을 잡는 것이 사회의 불균형을 해소하는 시초가 된다.

나로부터 시작하자. 남 탓하지 말자.

나를 바로 세우는 일이 수행이라는 점에서, 수행은 진정한 자립의 길이다. 현상과 본질의 모순 속에 있는 나는 물질과 정신 양면에서 자립을 이루어야 한다. 양자의 균형이 깨지면, 지금 여기의 현실에서 진정한 자립은 불가능하다.

우선 물질의 구속을 받지 않기 위해서는 경제적인 독립을 이루어야겠다. 그러자면 적당한 일을 해야 한다. 능력이 있건 없건, 누구나 자신의 잠재능력이 있다. 능력이 없더라도, 사회에서 생계를 위해

할 수 있는 일은 많다. 특별히 과소비를 하지 않는다면, 최소한의 생계비는 누구나 벌 수 있다.

문제는 빚이다.

감당하기 힘든 부채는 자신의 영혼을 갉아먹는 마귀와 같다. 혼자 고민하지 말고, 드러내는 것이 답이다. 감출수록 더 큰 수렁에 빠질 뿐이다. 다행히 우리사회는 빚을 청산할 수 있는 시스템을 갖추고 있다.

경제적으로 어려움이 없는 사람도 마음의 빚이 있을 수 있다.

자신이 번 돈에는 많은 사람들의 피와 땀이 묻어 있다. 어찌 보면, 지나치게 많은 돈을 번 사람일수록 마음의 부채가 크다고 할 수 있다. 과도한 이익은 사회에 환원하는 것이 현재 자신이 진 빚을 갚고, 정신적으로 자립하는 길이 될 것이다. 조선후기에 무역으로 대성한 임상옥(林尙沃)이 큰돈을 사회에 환원한 것은 이러한 도리를 아는 것일 게다.

마음의 부채이든 경제적 빚이든지 간에, 삶의 균형을 찾는 일은 다시 원점에서 시작하면 된다. 그동안 잘못 살아온 삶을 현재에서 새롭게 시작하는 것이다. 현재 속에 과거와 미래가 함께 얽혀 있기 때문에, 현재의 삶의 모순 속에 인생의 고통을 조화롭게 전환시키는 해결의 실마리가 있다.

단계별 인식전환이 필요하다

우리는 자연의 일부로서 동물처럼 생로병사의 과정을 거친다. 따라서 나를 찾기 위해서는 생물학적인 변화과정에 맞는 인식전환이 필요하다. 생물학적 성장으로 인간의 생애를 보면, 크게 유아기, 소년기, 청년기, 중년기, 그리고 노년기로 구분할 수 있다.

생애구분은 대체로 인체의 성장, 발달, 그리고 노화의 과정과 일치한다. 평균수명이 늘어남에 따라, 상대적으로 청년기가 길어지고 있다. 예전에는 환갑이 되면, 별 탈 없이 오래 산 것을 축하하는 의미로 환갑잔치를 벌였다. 하지만 요즘 환갑은 오래 산 나이가 아니다. 아직 청년이라고 할 수 있다. 인생주기가 상당히 길어진 덕분이다. 중년기, 노년기도 상당히 뒤로 연장되었다.

그러나 모든 사람이 장수를 누리는 것은 아니다. 죽음은 누구에게나 불시에 찾아올 수 있다. 가능한 일찍 인생에 대해 성찰하고 자신을 찾는 길을 나서는 것이 현명하다. 바른 정신으로 나답게 살 수 없다면, 아무리 오래 살아도 무의미한 삶이다.

인체의 변화과정은 의식의 변화과정에도 영향을 크게 미친다.

그러나 인간은 사회적 존재이기 때문에, 의식변화의 양상은 육신의 노화와는 또 다른 차원으로 전개된다. 인간이 본질적으로 동물과 다른 점은 자신이 속한 공동체의 정체성과 다른 자기 자신만의 정체성에 대해 생각한다는 사실이다. 자신의 정체성을 느끼면서부터, 자신과 마주하는 상대를 분별하기 시작한다. 심지어 자신을 낳아준 부모와도 거리를 두게 된다.

정체성을 가장 치열하게 고민하는 때가 사춘기일 것이다.

이 시기는 대략 소년기에서 청년기로 전환하는 청소년기와 일치한다. 생리적으로는 호르몬의 변화가 심리에 미치는 강력한 영향의 결과라고 단정할 수도 있다. 단순히 생리변화의 영향으로 돌리기에는 청소년의 마음은 복잡다단하다.

특히 청소년기에는 정서적으로 부모로부터 점차 독립해서 자신만의 영역을 모색하는 시기이기에, 마음이 외부로 쏠리기 쉽다. 이때 누군가를 좋아한다면, 인생의 중심이 온통 상대방에게 쏠리기 마련이다. 하지만 일방적인 관계는 깨지기 쉽다. 때문에 애타는 마음은 안타깝지만, 첫사랑은 대부분 뼈아픈 시련을 남기고 끝난다.

가정의 울타리 안에서 안전하게 필요한 것을 얻던 아이가 밖에서 자기 욕심만으로 원하는 것을 얻을 수는 없다. 사랑뿐만 아니라, 그 어떤 것도 마찬가지다. 인생에서 어떤 형태이든 처음 맞이하는 시련의 아픔은 질풍노도의 격정으로 표출되기 마련이다. 그래서 이때 각종 사건 사고가 가장 빈번하게 일어나기 쉽다. 물론 그런 격정의 시기를 뒤늦게 인생 후반기에 맞이할 수도 있다.

인생의 시간은 각자 다르다.

청소년기의 고뇌와 아픔은 자신의 정체성과 사람들과의 관계에 대해 깊이 생각하게 만드는 계기가 된다. 그 계기를 통해 인생전환이 크게 일어날 수 있다. 따라서 이 시기에는 인생철학을 통해 인식을 바르게 잡을 필요가 있다.

청년기에는 인생에서 가장 에너지가 넘치는 시기다.

청년은 강한 열정으로 무슨 일이든 도전해볼 수 있다. 그러나 준비가 제대로 안 되어있다면, 무모한 도전으로 실패를 경험하기 쉬운 시기이기도 하다. 무엇보다 지나친 열정으로, 생명력을 낭비할 수도 있다. 청년기는 양면성을 지닌 시기라고 할 수 있다. 자신의 정체성을 크게 확장할 수도 있지만, 반대로 나락으로 떨어질 수도 있다. 따라서 삶의 양극적 모순을 이해하고 조화시키는, 인생 공부가 이 시기부터는 대단히 중요하게 대두된다.

개인별 편차는 있지만, 청소년기 이후 인생의 가장 큰 격변기는 대체로 중년기에 찾아온다. 청소년기가 어린아이에서 어른 사이에서 갈등이 많은 시기라면, 중년기는 젊은이와 노인 사이에서 부대끼는 시기라고 할 수 있다. 더욱이 이 시기에 갱년기가 찾아온다. 급격한 호르몬의 변화로 심신의 활력이 눈에 띄게 약화된다.

특히 중년기에는 청소년기와는 달리 의지하고 위로받을 대상이 상대적으로 적다. 오히려 상대의 의지가 되고, 상대를 위로해줘야 하는 위치에 있다. 사회의 중심을 잡아야 할 위치에 있는 중년의 방황은 이해보다는, 비난 받기 쉽다. 때문에 중년의 실수는 치명적이다. 중년기에는 무모한 도전과 확장보다는, 자신의 역량을 하나에 집중하는 것이 중요하다. 더불어 물질과 정신의 균형을 잡는 삶의 도리를 탐구하고, 자신을 안팎으로 성찰해야 한다.

중년 이후가 수행하기 가장 적당한 시기다.

노년기에 이르면, 힘도 빠지고 지력도 떨어진다. 다리, 허리, 그리고 어깨의 힘이 감소되면서 몸도 왜소해지고, 세상을 보는 시각도 점점 좁아진다. 그런 의미에서, 노인은 어린아이와 비슷한 점이 많다. 체력도 지력도 비슷해진, 노인들은 아이들처럼 격이 없이 함께 어울릴 수 있다.

물론 인생의 풍파를 다양하게 경험하고 난 노인에게는, 젊은이에게 없는 인생의 지혜가 있다. 삶의 지혜가 높은 노인은 비교적 건강하다. 세상과 다툴 일이 적어진 노인은 상대적으로 심리적으로 안정되어 있다. 이런 노인은 행복하다.

그러나 모든 노인이 이와 같지는 않다. 나이가 들수록 자신만의 세계 속에 집착하는 경우도 적지 않다. 몸도 굳고 마음까지 굳은 노인은 건강이 좋지 않다. 건강을 좌우하는 기혈(氣血)이 정체되기 때문이다.

노년기에 중요한 것은 여유 있게 삶을 관조하는 태도다.

몸이 느려진 만큼 세상을 보는 관점도 순리에 맞게 관용의 정신을 유지하는 것이 좋다. 이 시기에 성인의 말씀을 곱씹어 보면서, 인생을 돌아보고 세상을 관조하는 즐거움을 누려보면 어떨까 싶다.

태어나서 죽기까지 인간은 육체의 성장, 발달, 그리고 노화에 따른 생리적 변화를 겪는다. 생리적 변화에 따른 심리적 변화는 불가피하다. 생물학적인 변화에 휩쓸리지 않고, 온전한 정신을 유지하는 일이 누구에게나 중요한 화두가 된다.

인생의 어떤 시기이든, 변화가 큰 시기에는 누구나 자기 자신을 되돌아보게 된다. 이 과정이 인생에서 반드시 필요하고 가장 중요하다. 아마도 모든 생애를 거쳐 자신의 삶을 성찰하는 과정 속에서 사는 삶이 가장 이상적일 것이다.

그러나 안타깝게도 인간은 몸이 편안하면, 정신을 방치하는 습성이 있다. 오히려 몸과 마음의 고통이 자신을 바르게 인도하는 나침판이 되는 법이다. 삶의 고통을 엄밀히 성찰해보면, 고통의 원인을 알 수 있다.

건강하고 행복한 삶의 핵심은 정신이다.

바른 정신으로 중심을 잡고, 일상의 관계를 조화롭게 회복하면 된다. 아무리 복잡한 문제도 당면한 것부터 하나씩 해결하다 보면, 점차 해결되는 법이다. 삶의 인식을 바꾸는 노력부터 하면 된다. 인식의 전환은 생각, 말, 행동의 변화에서 확인할 수 있다.

생각, 말, 행동이 바뀌면, 인생항로가 바뀐다.

사람마다 인생주기별로 처한 상황이 다르다. 각자 단계별로 인식전환을 통해 삶의 고통을 자신을 발전시키는 기회로 삼아야겠다. 문제는 포기하지 않는 것이다. 포기하지 않는 강인한 정신과 의지는 자신의 바른 결심에 달려있다.

수행도 개인의 인생주기와 상황에 맞게, 단계적으로 수준을 높여가야 효과를 볼 수 있다. 그런 의미에서, 이 책의 초반에서는 쉽게 할 수 있는 일상적인 수행에서 시작해서, 점차 수준을 올려가면서 보다 전문적인 수행법을 얘기하고 있다. 같은 주제라도 뒤로 갈수록 심화된 내용을 담고 있다. 천천히 음미하면서, 단계별로 수행공부를 하면, 어려움이 완화된다.

수행 요점정리

- 바른 목표를 설정하고, 진리를 추구해야, 바른 길을 찾는다.
- 수행은 '닦을 수(修)'와 '행할 행(行)'으로 이루어진 글자다.
- 먼저 닦음은 몸과 마음을 닦음이다.
- 수행의 깊은 뜻은 행(行)에 있다.
- 심신이 운행하는 삶 전체를 닦는다는 깊은 의미가 있다.
- 정신집중이라는 점에서, 멍 때리는 것은 수행이 아니다.
- 멍 때림은 일시적인 휴식과 충전을 주지만, 맑은 정신을 찾는 수행과는 거리가 멀다.
- 수행은 변화를 인식하고, 그 변화를 바르게 조율할 수 있도록 심신을 훈련하는 일이다.
- 수행은 몸과 더불어 마음의 상태변화를 면밀히 관찰하는 일이다.
- 수행의 최종 단계는 공동체 안에서 내 삶을 관찰하는 것이다.
- 수행에는 시간과 공간의 변화에 대한 바른 인식이 필요하다.
- 수행은 삶의 공부이기도 하다.
- 수행과정에서 변화흐름에 맞게 다양한 삶의 전환이 필요하다.
- 물질을 다루되 구속받지 않는 것이 성공의 비결이다.
- 수행공부에는 지혜와 생계의 안정이 모두 필요하다.

- 중요한 것은 물질을 구하고 베푸는 방식이다.
- 물질을 다루는 정신적 그릇을 크게 키우는 것이 중요하다.
- 수행에 있어서 가장 중요한 것은 수행하려는 뜻이다.
- 뜻이 바르고 클수록, 진리의 본체에 안전하게 도달할 수 있다.
- 문제는 나의 의지다.
- 바른 도리를 따르면, 어떤 삶을 살더라도 곧 수행이 된다.
- 변화가 빠른 사회에 사는 우리는 현대판 유목민이다.
- 삶의 핵심은 변화의 흐름이 아니라, 나의 중심이다.
- 중심이 바로 서있으면, 변화의 흐름을 탈 수 있다.
- 나를 찾고자 한다면, 무엇보다 자신의 중심을 잡아야 한다.
- 삶의 모순을 풀 수 있는 열쇠는 현재에 있다.
- 삶에 복잡하게 엉킨 실타래도 결국 내 자신이 만든 결과다.
- 내가 지은 업(業)을 다른 사람이 해결할 수 없다.
- 나의 모순을 남에게 전가하는 순간 나의 참모습을 볼 수 없다.
- 나의 모순은 인류사회의 모순과 연결되어 있다.
- 나를 바로 세움이 수행이므로, 수행은 진정한 자립의 길이다.
- 나는 물질과 정신 양면에서 자립을 이루어야 한다.
- 우선 물질의 구속을 받지 않는 경제적인 독립을 이룬다.
- 감당하기 힘든 부채는 자신의 영혼을 갉아먹는 마귀와 같다.
- 경제적으로 어려움이 없는 사람도 마음의 빚이 있을 수 있다.
- 자신이 번 돈에는 많은 사람들의 피와 땀이 묻어 있다.
- 과도한 이익의 사회 환원이 정신적으로 자립하는 길이 된다.
- 나를 찾기 위해서는 단계별 인식전환이 필요하다.

- 생애구분은 대체로 인체의 성장, 발달, 노화의 과정과 일치한다.
- 죽음은 누구에게나 불시에 찾아올 수 있다.
- 가능한 일찍 인생을 성찰하고 자신을 찾아나서는 것이 현명하다.
- 인체의 변화과정은 의식의 변화과정에도 영향을 크게 미친다.
- 정체성을 가장 치열하게 고민하는 때가 대체로 사춘기다.
- 청소년기의 고뇌와 아픔은 정체성과 관계를 성찰하게 만든다.
- 인생의 시간은 각자 다르다.
- 청년기는 정체성의 급격한 확장과 수축의 양면성을 지닌 시기다.
- 중년기는 젊은이와 노인 사이에서 부대끼는 시기다.
- 중심을 잡을 위치에 있는 중년의 방황은 비난 받기 쉽다.
- 중년기에는 역량을 하나에 집중하는 것이 중요하다.
- 중년 이후가 수행하기 가장 적당한 시기라고 할 수 있다.
- 다양한 경험을 한 노인에게는 인생의 지혜가 있다.
- 자신만의 세계에 집착하는 노인은 심신이 굳어, 건강이 안 좋다.
- 노년기에 중요한 것은 여유 있게 삶을 관조하는 태도다.
- 전 생애동안 인생을 성찰하며 사는 삶이 가장 이상적이다.
- 몸과 마음의 고통이 자신을 바르게 인도하는 나침판이 된다.
- 삶의 고통을 엄밀히 성찰해보면, 고통의 원인을 알 수 있다.
- 건강하고 행복한 삶의 핵심은 정신이다.
- 인식의 전환은 생각, 말, 행동의 변화에서 확인할 수 있다.
- 생각, 말, 행동이 바뀌면, 인생항로가 바뀐다.
- 사람마다 인생주기별로 처한 상황이 다르다.
- 인생주기와 상황에 맞게 수행 단계를 높여야 효과를 본다.

03

내 삶의 장애요소 거리두기

03

내 삶의 장애요소 거리두기

　본질적 삶을 가로막는 많은 장애요소들이 있다. 대부분은 내가 불러들인 것이지만, 일부는 나의 현재 의지와 상관없이 주어진 것이기도 하다. 기본적으로 나는 의식주(衣食住)의 기본 환경이 갖추어져야, 안전하고 건강하게 살 수 있다. 그러나 의식주를 내 맘대로 정할 수는 없다. 그렇게 할 수 있는 사람은 드물다.

　다행히 의식주 중에서 우리가 입는 옷은 현재 거의 문제가 되지 않는다. 수행하는 복장이 특별히 존재하는 것이 아니기 때문이다. 계절과 기후에 맞게 몸을 편안하게 해주는 옷이면, 어느 것이든 좋다. 오히려 비싸고 거창한 옷은 수행에 방해가 된다.

　문제는 음식과 주거다. 무엇을 먹고 어디에 사느냐는 수행여건으로 대단히 중요하다. 한편 인간은 동물이 아니므로, 의식주 해결만으로 삶의 의미를 온전히 느낄 수 없다. 이외에도 사회 환경과 그 속에서 불가피하게 맺는 인간관계와 여가활동이 중요하다.

삶을 이루는 모든 요소가 완전히 균형 잡히면, 가장 이상적일 것이다. 그런 상태에서는 수행이 저절로 이루어질 테니 말이다. 그러나 불행히도 우리의 삶은 균형이 깨져있다. 적극적으로 삶의 불균형을 해소할 수 있으면, 가장 이상적이다. 그것이 힘들면, 수동적인 방법이지만, 그런 장애요소와 거리두기가 필요하다. 피하는 것도 한 방법이다.

피해야 할 음식습관

음식은 세포, 피부, 뼈, 신경 등 인체의 주요 장기를 만드는 기본 요소다. 어떤 음식을 먹느냐가 자신의 몸 상태를 결정한다. 수행의 입장에서는 특히 음식의 균형이 중요하다. 음식이 기혈(氣血)의 작용에 미치는 영향이 크기 때문이다.

기혈이 맑으면, 장기와 신경이 원활하게 작용한다.

수행에서 가장 중요한 맑은 정신은 기혈작용에 달려 있다. 이 점에서 육식보다는 채식이 좋다. 채식은 기혈작용을 부드럽게 한다. 채식하는 동물은 대체로 온순하다. 육식을 많이 하는 사람은 채식을 위주로 먹는 사람에 비해 폭력적이라는 연구결과도 있다. 육식으로 얻는 에너지의 폭발력이 상대적으로 크기 때문에, 에너지파장도 그만큼 통제하기 힘들다. 물론 영양의 균형을 위해 인체활동의 양과 정도에 맞는, 적당한 육식은 필요하다. 문제는 체질과 활동량에 맞지 않는 과도한 육식에 있다.

우리는 서양인과 다르게 장의 길이가 길다.

아마도 농경사회의 전통이 서구에 비해 상당히 길고 채식문화가 발달했기 때문일 것이다. 우리의 인체가 환경과 음식문화에 적응한 결과다. 따라서 고기를 소화하고 영양분을 흡수하는 과정에서, 서양인보다 많은 불순물이 장 속에 적체될 수 있다. 소화찌꺼기들을 제때에 몸 밖으로 배출하지 못하면, 장에서 부패된다. 육식 중에서 특히 주의할 것은 패스트푸드다. 패스트푸드의 부작용은 그 음식의 원조라고 할 수 있는 미국에서도 널리 알려진 사실이다.

장 속의 부패를 조기에 막기 위해서는 고기를 적당히 줄이고, 채식을 늘리는 것이 좋다. 그러나 식습관이 빠르게 서구식으로 변화하고 있다. 그로 인해 위암이 크게 증가하고 있다. 식습관의 변화 속도에 비해, 몸의 적응이 더디기 때문이다. 현실적으로 육식을 금할 수는 없을 것이다. 그렇다면 채식을 조금씩 늘리면서, 육식과 적당한 거리를 두는 시간을 갖는 것이 바람직하다.

사실 혼자 채식을 늘리는 것은 힘들다. 함께 하는 가족이나 동료가 있다면 최상이다. 그렇지 않다면, 채식을 함께 하는 단체를 찾는 것도 좋은 방법이다. 최근에 반향을 조금씩 일으키고 있는, 이현주 대표가 이끄는 <고기없는 월요일>과 같은 모임에 함께 하는 것도 한 방법이다.

육식 다음으로 주의할 음식은 과자, 라면 등과 같은 스낵류다.

스낵류의 음식에는 지나친 설탕이나 나트륨뿐만 아니라 자극적인 인공조미료가 들어있다. 더욱이 문제가 되는 것은 대량생산과 장기간 유통기간으로 생길 수 있는 부패를 막기 위해 방부제가 들어갈 수 있다는 점이다. 미량의 방부제라도 장기간 체내에 쌓이면, 건강에 크게 해롭다.

주의해야 할 음식의 종류가 체질과 상황에 따라, 천차만별로 달라진다. 음식의 종류뿐만 아니라, 음식을 먹는 습관도 중요한 요소다. 육식과 채식의 균형뿐만 아니라, 채식 자체의 균형도 중요하다.

가장 중요한 원칙은 영양의 전체적 균형을 유지하는 일이다.

편식은 심신의 균형을 파괴하는 가장 피해야 할 식습관이다. 물론 그 균형은 모든 사람에게 똑같이 적용하는 것이 아니라, 각자의 체질과 상황에 맞는 탄력적 균형이다. 같은 맥락에서, 과식, 폭식, 야식 등은 기혈의 흐름에 안 좋은 영향을 미친다.

술도 음식이라고 할 수 있는데, 술은 가능한 안 먹는 것이 좋다.

과음은 정신을 마비시킨다. 술을 적당히 절제하며 마실 수 있다면, 상관이 없다. 절제가 가능한 사람은 이미 수행공부가 어느 정도 된 사람이라고 할 수 있다. 한편 기호식품이라고 하는 담배는 호흡 수련에 가장 치명적이다.

좋은 식습관을 들이는 가장 좋은 방법은 자신의 음식체크리스트를 만들어 보는 것이다. 예를 들어, 아침, 점심, 저녁으로 자신이 먹는 음식의 종류와 양을 구체적으로 나열해 본다. 물론 중간 중간에 먹는 간식도 뺄 수 없다. 음식을 먹은 후, 느낌이나 반응 등을 적는다. 그리고 무엇보다 대변과 소변의 색깔, 냄새, 상태 등을 자세히 관찰하고, 심신의 변화를 기록하는 것이 중요하다. 다음과 같이 분류해서 체크해보자.

주식/간식	
음식 종류/양	
식후 반응	
대·소변 상태	
심신의 변화	

이렇게 체크하는 습관을 통해 자신에게 좋지 않은 음식이나 식습관을 알 수 있다. 심신의 안정과 에너지를 동시에 고려한 식습관을 들이는 것이 무엇보다 중요하다.

생활환경의 조율

생활환경은 크게 주거환경과 학습이나 업무환경으로 나눌 수 있다. 수행에 적당한 생활환경으로 거주하는 집과 학습/업무공간이 모두 중요하다. 동양에서는 전통적으로 지리적 환경을 논할 때, 풍수(風水)를 거론했다. 나름 의미가 있다.

풍수는 기본적으로 산과 강의 형세, 집의 위치 등으로 길흉을 논한다. 산의 기(氣) 흐름과 집의 위치를 보고 판단하는 기풍수도 있다. 서양에서 들어온 엘로드로 기맥의 흐름을 판단하므로, 상당히 기과학적인 측면이 있어 보인다. 하지만 이것도 한계가 있다.

풍수의 핵심은 한자어에서 볼 수 있듯이, 바람과 물이다. 바람과 물이 의미하는 바는 생명의 흐름이다. 생명의 기운이 조화롭게 유통되고 있는가가 풍수의 핵심이다. 생태적 조건이 생활환경에서 가장 중요하다.

주거환경은 다양한 요소들로 구성되어 있다. 건축물의 구조와 자재, 가구, 각종 생활제품 등이 집의 기운에 영향을 미친다. 따라서 주거환경의 전체기운은 모든 구성요소들이 발산하는 파장과 기 흐름의 종합적인 결과다. 어떤 한 가지가 전체 생태환경을 좌우하지는 않는다.

고가의 가구나 전자제품이 많은 집이 좋은 것은 아니다. 오히려 단순한 집이 좋다. 꽉 차 있는 것보다 어느 정도 비어있는 공간이 생태적 흐름에 좋다. 전자기기를 많이 사용하는 공간에서는 전자파를 줄이는 노력을 기울여야 한다. 전자파는 인체에 좋지 않은 영향을 미친다. 이 점에서, 휴대폰도 너무 가까이 하지 않는 것이 좋다. 집 밖의 학습/업무 공간에서도 마찬가지다.

생명을 생성하고 유지하는 요소 중에서 가장 중요한 요소는 빛과 산소다. 빛이 적당히 들고, 환기가 잘 되는 주거구조는 원활한 심신의 작용을 돕는다, 공간을 선택할 때, 이 점을 특히 유의해서 볼 필요가 있다.

집안의 산소 농도를 적당히 유지할 수 있도록 식물이나 관련 제품을 비치해 두는 것도 필요하다. 하지만 집에 수맥(水脈)이 흐른다면, 문제는 심각하다. 수맥은 강력한 수직파이기 때문에, 수맥이 지나가는 길목에 위치한 주거공간은 피하는 것이 상책이다. 요즘은 수맥을 측정할 수 있는 다양한 도구가 개발되어 있으므로, 공간을 선택할 때 함께 고려하는 것이 좋다.

생활환경도 음식분석처럼 기본적인 체크리스트가 필요하다. 각자 자신만의 체크리스를 만들어 보자.

공간의 분류	
위치	
생태적 조건	
주변 환경	
주변사람들 성향	

한편 생활환경에서 무엇보다 중요한 것은 함께 머무는 사람들의 관계다. 그 관계가 좋으면, 다른 요소들의 단점을 상쇄하고도 남는다. 이 점에서, 생활환경은 내가 머물고 지나가는 모든 공간 속에 있는 사람들을 포함한다.

유해한 여가생활

의식주의 문제가 어느 정도 해결되면, 여가생활을 하고 싶은 욕구가 본능적으로 일어난다. 이 욕구를 어떻게 해소하느냐가 수행의 성패를 좌우한다. 따라서 여가생활로 어떤 활동을 선택하느냐가 매우 중요하다.

수행하기 좋은 여가생활로 등산, 걷기, 독서, 명상 등을 들 수 있다. 이 부분은 뒤에서 다루고 있다. 수행에 장애가 되는 여가활동은 우리 주위에 너무 많다. 그 중에서도 여기서는 수행에 가장 장애가 되는 것들을 살펴보겠다.

다른 무엇보다도, 도박과 같은 사행성 오락은 인간의 정신을 마비시킨다. 바둑, 당구와 같은 건전한 게임도 프로선수가 아닌 이상 내기의 요소가 들어가는 순간, 맑은 정신을 기대하기 어렵다. 사행성 오락에는 대개 술을 함께 곁들이기 때문에, 깊이 중독이 되면 자칫 폐인이 되기 쉽다.

사행성 게임은 자극이 매우 강하다. 내기에 이기면, 강렬한 쾌감이 온몸의 신경을 휩쓸고 지나간다. 한 번이라도 이런 경험을 맛보면, 그것을 피하기 어렵다. 기대심리가 작용하기 때문에, 지더라도 이런 게임의 유혹에서 벗어나기 어렵다. 더욱이 지는 경우에는 몹시 불쾌하다. 또한 한 자세로 오랜 시간 게임을 하므로, 몸의 균형도 많이 깨지게 된다.

이런 상태에서 심신의 안정을 찾기란 쉽지 않다. 만약 그 속에서도 중심을 잃지 않는 사람이 있다면, 그는 이미 수행을 완성한 사람이다. 이런 사람이 게임에 빠질 일은 없으므로, 그보다는 게임을 조작하는 소위 타짜라 불리는 전문꾼일 것이다. 도박으로 흥한 자는 도박으로 망하기 마련이다.

인간관계의 독소제거

평생 큰 탈 없이 산 사람들 대부분은 주위에 좋은 인연들이 있다. 한 사람의 인생은 만나는 사람에 달려있다고 해도 과언이 아니다.

예를 들어, 공부하는 학생에게는 학교나 선생님보다는 같은 동료 친구들이 더 큰 영향을 미친다. 생체리듬의 흐름이 전환되는 인생주기마다 새로운 사람과의 인연은 인생의 판도를 새롭게 바꿀 수도 있다. 좋은 사람을 만나야 하는 이유가 여기에 있다.

살아가면서 꼭 필요한 것이 사람 사이의 관계지만, 또한 가장 어렵고 복잡한 것이 인간관계이기도 하다. 사실 좋지 않은 환경을 만나게 되는 것도 사람으로 인한 경우가 대부분이다. 질이 안 좋은 사람과 만나다 보면, 자기도 모르게 품행의 격이 떨어진다. 생각과 말과 행동이 점차 안 좋은 쪽으로 물들어가는 것이다.

악연은 의외로 질기다.

잘못된 인연으로 삶에 독소가 쌓이면, 그 어떤 독소보다 제거하기가 어렵다. 내가 지은 업(業) 속에 그 인연의 끈이 있기 때문에, 끝을 내고 싶어도 쉽게 끝이 나지 않는다. 악연의 고리를 근본적으로 끊어내는 길은 그 원인이 되는 나의 습성을 근원적으로 고치는 일이다. 내 자신의 중심을 확고해 해서 상대방을 좋은 쪽으로 유도할 수 있다면 최상이다. 자신의 능력이 아직 부족하다면, 가능한 그 인연을 가까이 하지 않는 것이 현명하다.

일차적으로 물리적 거리를 두자.

맹자의 어머니가 세 번이나 이사를 간 것도 이러한 이유에서 일

것이다. 눈에서 멀어지면, 마음에서도 멀어지는 것이 보편적인 인간 심리이기 때문이다. 물리적 거리를 두기 어려운 상황이라면, 생활패턴의 변화를 주는 것도 한 방법이다.

예를 들어, 새로운 여가활동을 통해 다른 사람들을 만나는 것이다. 가장 좋은 방법으로 정부나 지자체에서 주관하는 봉사단체에 가입해서, 새로운 일도 배우고 건전한 사람들도 만나면, 새로운 활력을 얻을 수 있다. 또는 문화센터에 등록해서 새로운 공부나 운동에 정신을 집중하는 것도 바람직하다.

악연의 실타래가 잘못 꼬이게 한 원인은 나에게 있으므로, 그것을 해소하는 것도 내가 해야 한다. 삶의 독소를 제거하는 일에는 자신의 의지뿐만 아니라 지혜도 필요하다.

문제는 대상을 대하는 태도

빛과 상대하는 어둠이 있듯이, 좋은 것과 좋지 않은 것은 함께 존재할 수밖에 없다. 행복과 불행도 마찬가지다. 좋은 일이 나에게 항상 좋은 일만도 아니다. 행복하기만 한 사람은 불행이 닥치면, 피하는 법을 모르기 쉽다. 오히려 안 좋은 경험이 나를 일깨우는 계기가 되고, 더 큰 불행을 막는 훈련이 될 수 있다. 불행은 행복으로 가기 위해서는 반드시 밟고 지나가야 하는 디딤돌과 같다. 불행을 통해 단련된 자만이 행복을 오래 유지할 수 있다.

문제는 행복과 불행을 대하는 나의 태도다.

좋은 것이든 안 좋은 것이든, 현상의 모든 대상은 내가 생각하고 대하는 방식에 따라 내게 주는 의미가 달라진다. 이것은 종교와 철학에도 적용된다. 아무리 좋은 말씀과 사상도 내가 잘못 이해하고 이기적으로 활용하면, 결국 내게 해악을 끼치게 된다. 좋은 약도 잘못 사용하면, 안 좋은 것과 같다. 반대로 독도 잘 쓰면, 약이 된다.

사람과의 관계도 마찬가지다. 내가 상대를 대하는 태도에 따라 내게 독이 될 수도 있고, 약이 될 수도 있다. 상대의 잘못을 나를 돌아보는 반면교사로 삼는다면, 그것은 오히려 나의 발전에 도움이 된다.

내가 그동안 중심을 못 잡고 나답지 못한 것은 달콤한 것에만 이끌려 다녔기 때문이다. 내가 좋다고 생각한 것이 실제로는 좋은 것이라기보다는, 편협한 내 습성이 투영된 결과였다. 오히려 내가 싫어한 많은 일들이 비록 당시에는 쓰라린 아픔을 주었지만, 나의 영혼을 깨우는 보배로운 경험들이었다. 이제 와서 생각하면 부끄럽다. 나는 반성한다. 더불어 나에게 고통을 준 사람들에게 감사한다.

수행 요점정리

- 본질적 삶을 가로막는 많은 장애요소들이 있다.
- 삶의 불균형을 해소할 수 없다면, 삶의 장애요소와 거리를 둔다.
- 수행의 입장에서는 특히 음식의 균형이 중요하다.
- 기혈이 맑으면, 장기와 신경이 원활하게 작용한다.
- 채식은 기혈작용을 부드럽게 한다.
- 우리는 서양인과 다르게 장의 길이가 길다.
- 고기의 소화흡수 과정에서 많은 불순물이 장 속에 적체된다.
- 육식 중에서 특히 주의할 것은 패스트푸드다.
- 장 건강을 위해 고기를 적당히 줄이고, 채식을 늘리는 것이 좋다.
- 육식 다음으로 주의할 음식은 과자, 라면 등과 같은 스낵류다.
- 음식을 먹는 습관도 중요하다.
- 중요한 원칙은 영양의 전체적 균형을 유지하는 일이다.
- 편식은 심신의 균형을 파괴하는 가장 피해야 할 식습관이다.
- 음식체크리스트를 만들어 식습관을 기록하고 관찰한다.
- 술은 가능한 안 먹는 것이 좋다. 과음은 정신을 마비시킨다.
- 기호식품인 담배는 호흡 수련에 가장 치명적이다.
- 생명의 기운이 조화롭게 유통되고 있는가가 풍수의 핵심이다.

- 주거환경의 전체기운은 모든 구성요소들이 발산하는 파장과 기 흐름의 종합적인 결과다.
- 어느 정도 비어있는 공간이 생태적 흐름에 좋다.
- 전자파는 인체에 좋지 않은 영향을 미친다.
- 휴대폰도 너무 가까이 하지 않는 것이 좋다.
- 생명을 생성하고 유지하는 데 가장 중요한 요소는 빛과 산소다.
- 빛과 환기가 좋은 주거구조는 원활한 심신의 작용을 돕는다,
- 강력한 수직파인 수맥이 지나가는 곳은 피하는 것이 상책이다.
- 생활환경도 음식분석처럼 기본적인 체크리스트가 필요하다.
- 생활환경에서 가장 중요한 것은 함께 머무는 사람들의 관계다.
- 그 관계가 좋으면, 다른 요소들의 단점을 상쇄하고도 남는다.
- 여가의 욕구를 어떻게 해소하느냐가 수행의 성패를 좌우한다.
- 수행에 좋은 여가생활로 등산, 걷기, 독서, 명상 등이 있다.
- 사행성 오락은 인간의 정신을 마비시킨다.
- 건전한 게임도 내기요소가 있으면 맑은 정신을 기대하기 어렵다.
- 한 자세로 오랜 시간 하는 게임은 몸의 균형을 깨게 한다.
- 인생주기마다 만나는 새로운 인연은 인생방향을 바꿀 수 있다.
- 사람 사이의 관계가 꼭 필요하지만, 가장 어렵고 복잡하다.
- 잘못된 인연으로 쌓인 독소는 어떤 독소보다 제거하기 어렵다.
- 악연의 근본원인이 되는 나의 습성을 근원적으로 고쳐야 한다.
- 악연을 끊을 능력이 부족하다면, 일차적으로 물리적 거리를 두자.
- 물리적 거리를 두기 어렵다면, 생활패턴의 변화를 준다.
- 악연을 꼬이게 한 원인은 나이므로, 그 해소도 내가 해야 한다.

- 행복하기만 한 사람은 불행이 닥치면, 피하는 법을 모르기 쉽다.
- 불행은 행복으로 가는 디딤돌과 같다.
- 문제는 행복과 불행을 대하는 나의 태도다.
- 내 태도에 따라 상대는 독이 될 수도 있고, 약이 될 수도 있다.
- 상대의 잘못을 반면교사로 삼는다면, 나의 발전에 도움이 된다.

04

수행은 최고의 심신 건강법

04

수행은 최고의 심신 건강법

현대의학이 크게 발전했지만, 아직도 고치지 못하는 병이 무수히 많다. 의사 중에서도 양심적인 사람은 무분별한 과잉 의료행위를 경고하고 있다. 의학의 단점을 대체의학이 보완하고 있는 실정이다. 의학 선진국인 미국에서도 대체의학을 인정하고, 장려하는 편이다. 최첨단 의학인 심신의학(心身醫學)이 몸 중심으로 발전한 서양의학의 한계를 몸과 마음의 융합의학으로 극복하고 있다. 그러나 아직도 갈 길이 멀다.

물질문명이 극도로 발달하자, 물질과학의 한계가 드러나기 시작했다. 첨단과학의 발달로 초미립자 세계 속에서는 물질과 정신이 중요한 요소로 상호작용하고 있음이 밝혀졌다. 생명과학에서도 정신이 육체에 미치는 다양한 실험결과들이 계속해서 나오고 있다. 그 결과, 심신의학을 통해 동양의학과 서양의학의 융합이 점차 이루어지고 있다. 그 일환으로, 동양의 수행이 비록 낮은 단계이지만, 치료의 방편으로 활용되고 있다.

기초 수행원리

앞서 수행은 맑은 정신으로 집중해서 몸과 마음 그리고 삶을 관찰하는 것이라 했다. 여기서는 좀 더 구체적으로 몸과 마음의 양면에서 수행의 원리와 방법에 관해 알아보겠다. 전문적인 수행법에 관해서는 <간헐적 집중수행> 편에서 살펴보겠다.

수행의 원리와 방법을 한 마디로 정의하자면 지관(止觀)이다.

지(止)는 산란한 마음을 멈추어 하나로 집중하는 것이다. 관(觀)은 그 상태에서 일체의 대상을 비추어 보는 것이다. 생각을 멈추어서 삶을 비추어보기 위해서는 우선 몸을 바르게 해야 한다. 몸이 흐트러지면, 마음도 함께 흔들리기 마련이다. 이 점에서, 수행을 또 다르게 간단히 표현할 수 있다.

수행은 몸을 바르게 하고 마음을 바르게 하는 것이다.

심신을 바르게 한다는 말 속에 수행의 기본적인 이치가 함축되어 있다. 몸과 마음을 바르게 하는 이유는 심신이 안정이 돼야, 고요히 내 자신과 사물을 제대로 볼 수 있기 때문이다. 안정은 달리 말하면,

심신이 편안한 상태를 유지하는 것이다. 육체와 정신이 편안해지면, 마음이 고요해진다. 고요해지면, 들뜬 몸과 마음이 차분히 가라앉고 균형을 잡아간다.

그러나 일상의 내 몸과 마음은 한시도 가만히 있지 못한다. 온갖 대상이 움직이고 있고, 그에 따라 나의 오감이 반응하고 있다. 더욱이 생각이라는 6번째 감각은 의속 속에서 생멸하는 생각들을 또한 느끼고 생각하고 있다. 심신의 상태가 이와 같기 때문에, 나는 부지불식간에 생명의 에너지를 끝없이 낭비하고 있는 것이다. 이리저리 날뛰는 감각들을 붙들어 맬 수 있다면, 생명의 원기를 보존할 수 있을 것이다.

노자는 고요함에 이르는 길이 생명의 회복이라고 설파했다.

사실 진실로 고요해질 수 있다면, 몸과 마음의 병은 저절로 치유된다. 심신에는 자연치유력이 있기 때문이다. 고요함 속에서 원초적 생명력이 살아난다. 무엇보다 수행을 통해 심신의 독소가 빠지고, 면역력이 높아진다. 수행이 최고의 건강법이기도 한 이유가 여기에 있다.

몸의 균형원리

몸과 마음은 하나로 연결되어 있다. 의식은 몸속에 갇혀 있다. 따라서 의식은 몸의 영향을 받을 수밖에 없다. 때문에 의식을 제대로 이해하려면, 일차적으로 몸의 균형원리를 이해해야 한다. 동양의 철학과 의학은 이미 오래전에 이 사실을 알고 있었다.

한의학의 원리에 따르면, 오장육부는 도덕적 사유와 감정과 직결된다. 인자함과 분노가 속한 장부는 간과 담이다. 예의와 기쁨은 심장과 소장에, 믿음과 생각은 비장과 위장에, 의리와 슬픔은 폐와 대장에, 그리고 지혜와 공포는 신장과 방광에 속한다. 심신 상호작용의 균형여부가 도덕적 인지능력을 결정한다.

몸을 바르게 하면, 장기의 작용이 원활해지고 정신이 맑아진다.

인체 상하의 균형은 골반이 중심을 이루고 있다. 만약 골반이 뒤틀리면 위로는 척추가 휘고, 아래로는 다리길이의 차이가 발생한다. 한편 척추에는 몸의 중추신경이 연결되어 있다. 따라서 척추가 휘면, 각 장기에 연결된 신경이 제 기능을 하지 못한다. 뒤틀림의 정도에 따라, 어떤 신경은 지나치게 반응하고, 반대로 어떤 신경은 작용이 너무 약할 수 있다. 그렇게 되면, 장기의 작용이 균형을 잃게 되는 것이다.

평소의 생활습관이 몸의 균형을 좌우한다.

몸의 균형이 깨지는 원인은 선천적인 기형이나 사고가 아닌 이상, 대부분 평소의 자세, 행동습관, 식습관 등이 균형을 이루지 않은 데서 비롯된다. 특히 자세가 중요하다. 바르게 걷고, 바르게 서고, 바르게 앉고, 바르게 눕는 것이 모두 중요하다.

바른 자세

버스나 지하철에서 종종 소위 쩍벌남을 볼 때가 있는데, 이런 자세는 그 사람의 건강에 좋지 않다. 평소에 다리를 모으고, 바르게 앉고 서는 습관을 들이는 일이 몸의 균형을 이루는 데 대단히 중요하다.

운동보다는 일상의 자세가 더 중요하다.

왜냐하면 운동은 일시적인 활동이고, 자세는 언제 어디서 무슨 일을 하거나 기본이 되기 때문이다. 자세만 똑바로 해도, 특별한 운동을 하지 않아도 건강하게 지낼 수 있다.

한번 허리를 똑 바로 펴고, 두 다리를 모으고 앉아있어 보라. 개인적 차이는 있겠지만, 아마 몇 분이 지나지 않아 등과 허벅지 근육이 땅긴다. 자세를 바르게 하는 것만으로도, 코어 근육을 기르는 운동이 될 수 있다는 사실을 체감할 수 있을 것이다.

자세의 균형을 알아볼 수 있는 가장 쉬운 방법으로 세 가지가 있다. 첫째는 거울에 추를 매단 상태에서, 추의 가운데에 몸을 두고 좌우균형을 보는 것이다. 자세히 관찰해보면, 몸의 균형 정도를 알 수 있다. 요즘에는 인체를 전체적으로 스캔해서 몸의 균형을 측정하는 전자기기들이 있으니, 그런 것을 활용해도 좋다.

두 번째는 신발의 밑창을 보는 것이다. 의외로 밑창 마모가 일정한 사람이 많지 않다. 마모가 한쪽으로 치우쳐 있다면, 평소 자세가 잘못됐다는 반증이다. 한쪽으로 마모된 신발을 계속해서 신고 다니면, 불균형이 더욱 심화된다. 이 점에서, 가능하면 밑창이 잘 마모되지 않는 좋은 신발을 사는 것도 필요하다. 나는 한때 밑창이 튼튼하지 않은 신발로 고생한 적이 있다. 아직도 오른발에는 그 후유증이 있다. 옷보다는 신발이 몸의 균형에 중요하다.

세 번째로 걷는 자세를 보면 알 수 있다. 나는 걸을 때, 마주치는 사람들의 걸음걸이를 보는 버릇이 있다. 뒤에서 가만히 보면, 두 다리를 일직선으로 바르게 해서 걷는 사람이 그리 많지 않다. 팔자걸음이거나, 한 쪽 발이 다른 쪽에 비해 휘어져 걷는 경우가 의외로 많다. 이것은 골반이 뒤틀렸다는 증거다. 이런 사람들은 대부분 척추의 좌우대칭도 균형을 이루고 있지 않다.

자신의 걸음걸이가 바른 지 한번 관찰하는 습관을 들이면, 몸의 균형을 유지하는 데 도움이 된다. 걷는 자세가 바르지 않다면, 평소 걸음걸이를 11자로 걷는 연습을 할 필요가 있다. 처음에는 천천히 의식적으로 걷는다. 점차 익숙해지면, 빨리 걸어도 11자로 걷게 된다. 산보하는 시간을 일정하게 정해두고 걸으면서, 몸의 불균형을

교정하는 습관을 들여 보자. 걸으면서 마음을 정리하면, 심신의 안
정을 동시에 얻을 수 있다.

적당한 균형운동

적당한 운동은 심신에 활력을 준다. 수행의 에너지를 얻기 위해
운동은 꼭 필요하다. 운동을 통해서도 자세교정을 할 수 있다. 그러
나 운동도 자세의 균형이 바르지 잃으면, 운동효과를 제대로 볼 수
없다. 오히려 운동을 할수록 몸의 균형이 깨지면서, 부상의 위험이
있게 된다.

운동의 종류, 자세, 그리고 방식이 모두 중요하다.

몸의 균형을 위해서는, 몸 전체를 사용하는 운동이 좋다. 골프와
같이 한 방향으로 몸을 강하게 쓰는 운동은 사실 균형 차원에서 좋
지 않다. 이런 운동을 한다면, 균형을 회복하는 또 다른 운동치료가
필요하다. 이중으로 시간과 비용을 낭비하는 일이다.

인체에 가장 좋은 균형운동으로 일상적으로 할 수 있는 운동은 걷
기다. 신체는 걷기에 적당한 구조를 이루고 있다. 태초로부터 인간
의 삶은 길 위에 있고, 그 위에서 끊임없이 걸어야 하는 것이 인간의
숙명인지도 모르겠다. 다만 걷는 자세가 중요하다.

걷기의 일환으로 등산은 호연지기를 기르기 좋다.

산에 오르는 일은 적지 않은 수고를 들여야 가능하다. 또한 적당히 힘을 안배해야, 산꼭대기까지 갈 수 있다. 산은 능력을 과시하는 자를 좋아하지 않는다. 산에는 의외로 위험한 요소들이 많이 있다. 그래서 어진 자는 산을 좋아한다는 말이 나왔나 보다. 산은 우리에게 인생을 가르친다.

등산보다 안전한 것은 완만하게 굴곡진 길을 걷는 것이다.

산 주변의 숲이 우거진 평탄한 둘레길이나 해변 길을 걸으면, 뭔가 싱그러운 생기를 느낄 수 있다. 요즘 도시 주변의 산에 둘레길이 잘 조성되어 있다. 멀리 가지 않아도 가까운 곳에서 자연을 느끼면서, 몸과 마음을 관찰해보면 좋겠다.

한편 인체의 중심을 잘 잡기 위해서는, 척추, 골반, 복부를 지탱하는 코어근육을 튼튼하게 길러주는 것이 좋다. 젊어서 이 부분의 근육을 강하게 만들어 놓으면, 노후에 낙상을 예방할 수 있다. 어깨와 가슴 부위의 근육보다는 코어근육에 힘써야겠다.

코어근육을 기르기 좋은 운동은 맨몸을 이용한 운동이다.

예를 들어, 팔굽혀펴기, 플랭크, 스쿼트 등을 평소에 자신의 능력에 맞게 일정하게 한다면, 몸의 균형을 유지해주는 근력을 쉽고 안전하게 기를 수 있다. 한편 몸의 유연성 유지를 위해 스트레칭과 맨손체조도 빼놓을 수 없다.

마음의 균형조율

마음은 몸보다 균형을 잡기 힘들다. 의식의 영역이 너무 크고 깊고 복잡하기 때문이다. 공황장애, 우울증과 같은 정신병을 앓고 있는 현대인들이 의외로 많다. 일반인뿐만 아니라, 유명 인사들 중에서 그런 사례를 흔하게 볼 수 있다. 사소한 정신질환을 포함하면, 수많은 사람들이 정신병을 갖고 있는 실정이다. 다만 미세한 정신적 불균형을 정신병이라고 의식하지 못할 뿐이다.

심리의 변화는 몸의 변화보다 관찰하기 힘들다.

사소한 심리의 흐름을 무시하기 쉽기 때문이다. 작은 부작용이 쌓여 큰 사고를 내듯이, 심리상태도 마찬가지다. 해소되지 않은 사소한 감정의 앙금들이 쌓여 있다가, 어느 순간, 크게 부풀어 올라 격정적 분노로 폭발할 수 있다. 때문에 평소에 마음의 파장을 잘 관리하고, 불안한 심리적 요인들을 미리 해소할 필요가 있다.

우리나라 사람들은 감정의 기복이 크다.

우리민족은 한(恨)도 많고, 흥(興)도 많다. 흥이 날 때는 모든 사람들이 함께 신나게 어울리지만, 원통한 마음이 일어나면 서로 죽일 듯이 싸운다. 참으로 오묘한 심사가 아닐 수 없다. 양극단의 감정이 사회의 불균형을 야기하는 요소이기도 하고, 사회를 역동적으로 만드는 요인이기도 하다.

어떻게 하면, 극단적인 심리를 균형조율할 수 있을까?

심리와 생리가 상호작용하는 이치를 이용하는 것이 좋다. 앞서 인의예지신(仁義禮智信)의 도덕적 의식과 희노사비공(喜怒思悲恐)의 감정이 오장육부와 연결되어 있다는 점을 보았다. 도덕의식과 감정을 조화롭게 드러낼 수 있는 활동을 통해, 심신의 균형을 함께 잡아 주는 것이 바람직하다.

몸이 마음에 영향을 주듯이, 마음도 몸에 영향을 준다.

예를 들어, 어디서나 쉽게 할 수 있는 것으로 생각과 감정이 잘 절제된 고전을 감상하면 좋다. 명작 소설이나 명화를 보면, 감정이 고양되는 경험을 할 수 있다. 사건이 전개되는 과정에서 감정이나 생각들이 처음에는 혼란스럽다. 하지만 마침내 꼬인 사건들이 해결되면서, 일종의 카타르시스를 느끼게 된다.

감정의 정화를 통해 심신이 상쾌해진다. 뇌과학에서 입증되었듯이, 간접적인 경험도 직접적인 경험 못지않은 효과를 준다. 좋은 드라마나 다큐멘터리도 이와 비슷한 작용을 한다.

이외에도 건전한 여가생활을 통해, 오감을 균형 있게 자극하는 것도 좋다. 또는 창의적인 모임을 통해 사람들과 서로 소통하는 것도, 한쪽으로 뭉친 생각을 풀어주는 좋은 방법이다. 다른 사람과 어울리기 힘든 상황이라면, 명상을 권하고 싶다.

명상

명상(冥想)이란 단어는 눈을 감고 마음 속 깊은 곳에 침잠해서 의식 속에 떠오른 심상(心想)을 생각한다는 뜻을 내포하고 있다. '어두울 명(冥)'은 생각을 잠재워서 고요한 상태를 유지한다는 의미가 있다. 명상이란 말은 원래 종교에서 유래한 말이지만, 지금은 일반화되었다. 여기서는 일반적인 의미로 명상을 얘기해보겠다.

사실 마음을 침잠시켜 고요한 상태를 유지하기는 힘들다. 세상사가 매우 혼란하기 때문이다. 살다보면, 해결하기 힘든 난제나 갈등을 유발하는 문제에 봉착할 때가 있다. 심리적 부담이 커지면, 어느 시점에 머리가 아프고 가슴이 답답해진다. 이때 명상을 통해 답답함을 해소해보자.

몸과 마음을 가라앉히고, 고통의 원인을 고요히 성찰해본다.

아마도 처음에는 온갖 생각들이 얽히고설켜서 더욱 혼란스러울수도 있다. 이것은 마음의 눈을 밝히자, 드러나는 현상이다. 마치 먼지가 평소에는 잘 안 보이지만, 빛이 들어오면 잘 보이는 것과 같다. 먼지를 의식하지 못할 때는 아무런 감정도 없던 상태에서, 의식하는 순간 몹시 괴로운 상태로 변한다. 의식도 마찬가지다. 평소 의식하지 못한 생각들이 날뛰기 마련이다.

이러한 심리적 혼란은 한동안 지속된다. 고통을 피하지 말고, 일정시간 참고 견디면 된다. 처음에는 단 몇 분도 견디기 어렵지만, 익숙해지면 몇 십 분에서 몇 시간도 자신을 돌아볼 수 있다. 여기서 한 가지 주의할 것이 있다.

명상 후에, 섣부른 판단을 하지 않는 것이 중요하다.

어떤 현상이 돌아가는 이치를 모르는 상태에서, 내린 판단은 그 현상을 더욱 혼란스럽게 만들기 때문이다. 마음이 깨끗하게 맑아질 때까지, 판단을 유보하고 기다는 것이 명상의 요점이다. 마음이 고요해지면, 현상의 이치가 밝게 드러난다. 내 안에 갖추어진 본성이 드러나, 스스로 밝아지는 것이다. 명상은 인내를 요한다.

호흡

호흡은 정신과 육체가 상호작용하고 있다는 사실을 알려주는 바로미터와 같다. 생각이 들떠있을 때는, 호흡이 고르지 않다. 흥분하거나 분노가 치밀어 오르면, 호흡도 거칠어진다. 호흡 속에 마음상태가 반영됨을 알 수 있다. 몸의 상태도 호흡으로 표현된다. 몸이 힘들면, 호흡도 순조롭지 못하다. 격한 운동이나 힘든 일을 할 때면, 호흡이 상당히 고조된다.

전통적으로 호흡은 전문수행 방법 중의 하나다.

호흡에 관한 많은 이론과 방법이 있다. 여기서는 전문호흡법이 아닌, 일상에서 할 수 있는 가장 기본적인 호흡의 원리와, 호흡을 통해 심리를 안정시키는 방법에 관해 얘기해보겠다. 보다 전문적인 것은 <간헐적 집중수행> 편에서 다루는 것이 좋겠다.

인체는 호흡을 통해 산소를 받아들이고, 이산화탄소를 배출하면서, 몸의 균형을 유지한다. 들어가는 호흡과 나가는 호흡이 일정하지 않으면, 생명의 리듬이 안정되지 않는다. 의외로 호흡이 고른 사람이 많지 않다.

호흡이 진행되는 과정을 보자. 어려운 해부학적 호흡과정이 아닌, 몸의 변화로 쉽게 느낄 수 있는 호흡과정을 보는 것이 좋겠다. 코로 공기를 들이 마시면, 배가 앞으로 불쑥 부풀어 오른 것을 느낄 수 있다. 좀 더 자세히 관찰하면, 배가 나오기 전에, 공기가 기도와 가슴 횡격막을 통과해 배에 이른다는 것을 알 수 있다.

호흡이 깊고 부드러운 사람은 산소가 온몸 구석구석 잘 전달된다. 반대로 호흡이 짧고 거친 사람은 산소 공급이 원활하지 못하다.

산소공급이 부족하면, 몸의 기능이 악화된다. 가장 바람직한 호흡은 자연호흡이다.

특별한 이상이 없는 한, 태어날 때 누구나 자연의 생명리듬과 하나 된 자연호흡을 한다. 갓 난 어린아이는 가장 자연스런 호흡을 한다. 호흡이 무척 부드럽다. 아마도 몸과 마음이 세상의 탁한 기운과 접하고 있지 않기 때문일 것이다. 아이가 커 가면서, 몸과 마음이 점점 혼탁해진다. 깨끗하지 않은 세상에서 물들어가면서, 갓난아기의 호흡을 잃어버린 결과다.

자연호흡으로 돌아가는 것이 호흡의 핵심이다.

호흡도 연습이 필요하다. 우선 거친 호흡을 고르는 과정이 필요하다. 먼저 자신의 호흡이 어떤지 평소에 관찰해보는 습관을 들인다. 호흡 상태가 고르지 않다면, 틈 날 때마다 호흡을 고르는 연습을 하면 좋다.

무엇보다 호흡은 몸과 마음을 연결하는 통로라는 사실을 잊지 말자. 몸과 마음이 연결되어 있으므로, 호흡하는 자세와 심리상태가 모두 중요하다.

먼저 자세를 바르게 한다.

자세가 불안정하면, 호흡이 고르지 않다. 자세의 요점은 허리와 다리의 균형을 바로 잡는 데 있다. 의자에 앉을 때는 앞서 자세 부분에서 말한 것처럼 허리를 똑 바로 세우고, 다리를 바르게 붙이고 앉으면 된다. 의자에 앉아서 생활하는 것이 보편화된 요즘은 이렇게 하는 것이 가장 편하다.

문제는 방바닥에 앉는 경우다. 바닥에 앉을 때는 초보자는 허리를 세우는 데 도움이 되는 방석을 엉덩이 밑에 까는 것이 편하다. 다만 자신의 체형에 맞게 방석의 높이를 적당히 조절해야 한다. 그리고 앉는 자세로는 두 다리를 서로 엇갈려서 상대 허벅지 위에 얹어 앉는 가부좌와, 두 다리 중에서 한 쪽만 다른 허벅지 위에 얹는 반가부좌가 있다. 가부좌나 반가부좌를 하는 요점은 몸을 단단히 고정하는 데 있다. 마치 뿌리 깊은 나무는 바람에 흔들리지 않는 이치와 같다.

가부좌나 반가부좌가 힘든 사람은 양반다리도 무방하다.

다만 자신의 체형에 맞게 두 다리를 교차해가면서 앉는 것이 편하다. 예를 들어, 왼쪽 다리를 안쪽으로 하고 오른 쪽 다리를 바깥으로 해서 앉아 있다가, 힘들면 그 반대로 해서 앉으면 된다. 앉아있는 연습을 오래 해서 습관을 들이면, 자연스럽게 자세의 균형점을 찾을 수 있다.

자세를 바르게 한 이후에는 들뜬 마음을 가라앉혀야, 고른 호흡에 들어갈 수 있다. 이러저러한 걱정이나 흥분으로 마음이 고조되었거나, 반대로 무기력증이나 우울증으로 마음이 너무 가라앉아있을 때는, 약간 거친 심호흡으로 상념의 거품이나 찌꺼기를 배출한다. 어느 정도 마음 정리가 될 때, 부드러운 자연호흡으로 넘어가면 된다.

자연호흡의 요점은 자신의 호흡 길이에 맞추는 것이다.

호흡이 긴 사람은 길게, 짧은 사람은 짧게 호흡을 한다. 중요한 것은 심신의 안정이다. 심신이 평온을 찾으면, 호흡에 집중해서 그 흐름과 리듬을 관찰하는 것이 호흡명상이다. 자연호흡이 익숙해지면, 심신이 안정된다. 심신이 안정되면, 자연호흡이 깊어지고 길어진다. 호흡과 심신의 안정이 서로 상승작용을 일으킨다.

마음일기

심신의 균형과 안정을 찾는 데는 지루한 시간과 연습이 필요하다. 그 과정에서 심신의 변화과정을 기록하면, 그 기록이 자신을 찾아가는 발판이 된다.

수행에 장애가 되는 요소들을 하나씩 기록하고 관찰하듯이, 심리적 고통의 원인을 적고 성찰해보는 것이 고통을 해결하는 가장 기본적이고 좋은 방법이다. 말로 쌓인 울화는 말로 풀어야 하지만, 생각으로 인한 망상은 말로 해결이 안 된다.

생각으로 쌓인 심화(心火)는 생각을 정리해야 해소된다.

마음일기를 쓰는 방법은 간단하다. 먼저 평소에 떠오르는 생각과 감정을 그때의 상황과 함께 기록한다. 한 단어도 좋고, 한 구절이나 문장도 좋다. 자신의 생각을 기록하는 습관이 중요하다. 이 습관이 고통의 원인을 찾는 통찰력과 지혜를 길러준다.

요점은 떠 오른 생각들을 그대로 적는 일이다. 생각에 대한 분석을 하지 말고, 생각나는 대로 적으면 된다. 이런 습관으로 생활하다 보면, 삶의 어느 순간 번뜩이는 생각이 스친다. 생각이 숙성되어 삶의 지혜와 영감이 떠오른 것이다. 그 순간 고통을 해결하는 실마리가 풀린다.

찰나의 생각을 놓치지 말고, 기록하는 것이 중요하다.

나는 책을 쓰는 기간 동안에 이런 경험을 많이 한다. 책상에 앉아 있을 때보다는 걸을 때나 차를 타고 이동 중에, 평소에 해결되지 않던 문제의 해답이 떠오르면서 마음이 편해진다. 심지어 꿈속에서도 그런 현상이 일어난다. 이때 바로 기록하지 않으면, 소중한 아이디어가 다시 망각의 늪으로 사라질 수 있다.

정신질환이 생길 때, 정신과를 찾는 것은 현명한 판단이다. 그러나 정신건강을 완전히 의사에게 맡기는 것은 위험하다. 인체는 자연치유력이 있는데, 약에 의지하면 자연치유력이 약화된다. 특히 정신과 약은 중독성이 강하다. 정신적 고통이 있을 때마다 약에 의지하면, 보다 빈빈히 또는 더욱 강력한 약을 처방받아야 고통이 누그러진다. 고통의 악순환이 계속 될 수 있다.

심리적 고통은 그 근본원인을 찾아야 해결된다.

고통이 정신을 깨우는 이치를 잊지 말고, 근본 대책을 생각해보자. 고통에는 그에 상대하는 원인이 있다. 그 원인을 해결하면, 고통은 사라진다. 지극히 간단한 이치이지만, 수행을 완성하는 도리이기도 하다. 고통의 원인을 따라 올라가면, 궁극에는 모든 고통의 근본원인을 만날 수 있다. 그 원인을 해결하면, 모든 고통에서 자유로운 참나를 만날 수 있다.

수행 요점정리

- 심신의학이 서양의학의 한계를 심신융합의학으로 극복하고 있다.
- 초미립자 속에서 물질과 정신이 상호작용하고 있음이 밝혀졌다.
- 심신의학을 통해 동양과 서양의 의학이 융합되고 있다.
- 동양의 수행이 낮은 단계이지만, 치료의 방편으로 활용되고 있다.
- 수행의 원리와 방법을 한 마디로 정의하자면 지관이다.
- 생각을 멈추어서 비추어보기 위해서는 몸을 바르게 해야 한다.
- 수행은 몸을 바르게 하고 마음을 바르게 하는 것이다.
- 심신이 안정돼야 고요히 자신과 사물을 제대로 볼 수 있다.
- 날뛰는 감각을 붙들 수 있다면, 생명의 원기를 보존할 수 있다.
- 노자는 고요함에 이르는 길이 생명의 회복이라고 설파했다.
- 진실로 고요해지면, 병은 저절로 치유된다.
- 심신에는 자연치유력이 있다.
- 수행을 통해 심신의 독소가 빠지고, 면역력이 높아진다.
- 몸과 마음은 하나로 연결되어 있다.
- 한의학에 따르면, 오장육부는 도덕적 사유와 감정과 직결된다.
- 심신 상호작용의 균형여부가 도덕적 인지능력을 결정한다.
- 몸을 바르게 하면, 장기의 작용이 원활해지고 정신이 맑아진다.

- 인체 상하의 균형은 골반이 중심을 이루고 있다.
- 척추가 휘면, 각 장기에 연결된 신경이 제 기능을 하지 못한다.
- 몸의 불균형은 대부분 자세, 행동습관, 식습관 등의 잘못에 있다.
- 평소의 생활습관이 몸의 균형을 좌우한다.
- 운동보다는 일상의 자세가 더 중요하다.
- 자세를 바르게 하는 것으로도 코어 근육을 기르는 운동이 된다.
- 바르게 앉고 서는 습관이 몸의 균형을 이루는 데 중요하다.
- 자세의 균형을 알아보는 가장 쉬운 방법으로 세 가지가 있다.
- 첫째 거울에 매단 추의 가운데에 몸을 두고 좌우균형을 본다.
- 둘째 신발의 밑창을 본다.
- 셋째 걷는 자세를 본다.
- 평소 걸음걸이를 11자로 걷는 연습을 할 필요가 있다.
- 익숙해질 때까지, 천천히 의식적으로 11자로 걷는다.
- 산보하는 시간을 정해서 몸의 불균형을 교정하는 습관을 들인다.
- 적당한 운동은 심신에 활력을 준다.
- 운동의 종류, 자세, 그리고 방식이 모두 중요하다.
- 몸의 균형을 위해서는 몸 전체를 사용하는 운동이 좋다.
- 한 방향 운동은 균형 차원에서 좋지 않다.
- 인체에 가장 좋은 균형운동은 걷기다.
- 신체는 걷기에 적당한 구조를 이루고 있다.
- 걷기의 일환으로 등산은 호연지기를 기르기 좋다.
- 등산보다 안전한 것은 완만하게 굴곡진 길을 걷는 것이다.
- 인체의 중심을 잡기 위해서는 코어근육을 강하게 길러준다.

- 젊어서 코어근육을 강화시키면, 노후에 낙상을 예방할 수 있다.
- 코어근육을 기르기 좋은 운동은 맨몸을 이용한 운동이다.
- 몸의 유연성을 위해 스트레칭과 맨손체조도 빼놓을 수 없다.
- 심리의 변화는 몸의 변화보다 관찰하기 힘들다.
- 평소 마음을 관리하고, 심리적 불안요인을 미리 해소한다.
- 몸이 마음에 영향을 주듯이, 마음도 몸에 영향을 준다.
- 도덕의식과 감정을 조화시키는 활동으로 심신균형을 회복한다.
- 고전, 명작 소설이나 명화를 보면, 감정이 고양된다.
- 간접적인 경험도 직접적인 경험 못지않은 효과를 준다.
- 창의적인 모임을 통해 뭉친 생각을 풀어줄 수 있다.
- 명상은 의식 속에 떠오른 심상을 생각하는 것이다.
- 어려운 문제에 봉착할 때, 심신을 이완하고, 그 원인을 성찰한다.
- 처음에는 온갖 생각들이 얽히고설켜서 더욱 혼란스럽다.
- 평소 의식하지 못한 생각들이 날뛰기 마련이다.
- 심리적 혼란과 고통을 피하지 말고, 일정시간 참고 견디면 된다.
- 명상 후에, 섣부른 판단을 하지 않는 것이 중요하다.
- 마음이 깨끗하게 맑아질 때까지, 판단을 유보하고 기다린다.
- 호흡은 정신과 육체가 상호작용하는 사실을 아는 바로미터다.
- 생각이 들떠있을 때는 호흡이 고르지 않다.
- 몸이 힘들면, 호흡도 순조롭지 못하다.
- 호흡할 때, 공기가 기도와 가슴 횡격막을 통과해 배에 이른다.
- 호흡이 깊고 부드러운 사람은 산소가 온몸 구석구석 전달된다.
- 갓 난 어린아이는 가장 자연스런 호흡을 한다.

- 자연호흡으로 돌아가는 것이 호흡의 핵심이다.
- 자세를 바르게 하는 요점은 허리와 다리의 균형을 잡는 데 있다.
- 허리를 똑 바로 세우고, 다리를 바르게 붙이고 의자에 앉는다.
- 바닥에 앉아 명상할 때, 초보자는 방석을 깔고 앉으면 편하다.
- 체형에 맞게 방석의 높이를 적당히 조절해야 한다.
- 바닥에 앉는 자세로는 가부좌, 반가부좌, 양반다리 모두 좋다.
- 요점은 몸을 단단히 고정하는 데 있다.
- 자세를 바로 한 후에 들뜬 마음을 가라앉히고, 고른 호흡을 한다.
- 약간 거친 심호흡으로 상념의 거품이나 찌꺼기를 배출한다.
- 마음이 정리될 때, 부드러운 자연호흡으로 넘어가면 된다.
- 자연호흡의 요점은 자신의 호흡 길이에 맞추는 것이다.
- 호흡이 긴 사람은 길게, 짧은 사람은 짧게 호흡을 한다.
- 중요한 것은 심신의 안정이다.
- 호흡에 집중해서 그 흐름과 리듬을 관찰하는 것이 호흡명상이다.
- 심신 변화를 기록하는 것은 자신을 찾아가는 발판이 된다.
- 생각으로 쌓인 심화는 정리를 해야 해소된다.
- 마음일기에 떠오른 생각, 감정, 상황을 함께 기록한다.
- 요점은 떠 오른 생각들을 그대로 적는 일이다.
- 생각이 숙성되면, 고통을 해결하는 지혜와 영감이 떠오른다.
- 기록하지 않으면, 귀한 아이디어가 망각 속으로 사라질 수 있다.
- 심리적 고통은 그 근본원인을 찾아야 해결된다.
- 고통의 원인을 해결하면, 고통은 사라진다.
- 모든 고통의 근본원인을 해결하면, 자유로운 참나를 만나게 된다.

05

―――――――

일상의 삶수행

05

일상의 삶수행

하늘을 우러러 한 점 부끄럼 없이 살기를 바란 윤동주 시인의 시를 읽을 때면, 내 자신이 부끄럽다. 일제강점기처럼 생존을 위해 양심을 버릴 수밖에 없을 정도로 극한 상황이 아니지만, 나의 삶은 그리 깨끗하지 않았다. 한 점 부끄럼도 없는 삶은 수행이 지향하는 목표다. 하지만 그 길이 녹록치 않다.

홀로 명상을 하거나 글을 쓸 때면, 나는 잠시나마 마음이 편안해지는 것을 느낀다. 물론 고요한 상태가 계속 유지되지는 않는다. 홀로 성찰하는 시간에는 나의 모습이 분명한 것 같지만, 세상과 섞이면 다시 나의 모습은 흐려지고 만다. 삶이 나를 가만히 내버려두지 않기 때문이다. 이러저러한 일들이 생기면, 복잡하게 얽혀있는 일들로 정신이 흐트러질 수밖에 없다.

삶은 진공상태에 있지 않다.

일생 중에서 평정심을 유지하면서 삶을 깊이 성찰하고 조화롭게 사는 때가 얼마나 될까? 평정심을 유지하기 힘든 것은 세상이 근본적으로 모순되어 있기 때문이다. 이 점에서, 세상의 양극적 모순을 좀 더 면밀히 성찰하고, 모순을 헤쳐 나가는 도리와 방법을 일상의 삶 속에서 끊임없이 깨닫는 일이 필요하다. 그러한 과정이 삶수행이다.

삶의 모순 자각

우리가 추구하는 행복은 불행과 짝을 이루고 있다. 큰 행복을 바랄수록 큰 불행이 찾아오기 쉽다. 모두가 대박을 기다리지만, 그 이면에 쪽박이 숨어있다는 사실을 망각하고 있다. 이 이치를 깨닫지 못하면, 물질적 운세가 강할수록 정신적 공허함도 함께 커진다.

나의 존재 자체가 모순되어 있다.

나의 생명은 도가의 관점에서 보면, 성명(性命)으로 구성되어 있다. 성(性)은 본성이고, 명(命)은 육신에 깃든 생명이다. 육체의 편안함을 추구할수록, 정신은 병이 들게 된다. 생명은 본성과 육신의 모순 속에 있다. 나뿐만 아니라 살아있는 모든 생명이 그렇다.

모든 인간 활동은 모순 속에 있다.

삶의 모순은 말 속에서도 잘 드러난다. 한편에서는 "건강을 위해 운동을 많이 해야 한다."고 말한다. 하지만 다른 한편에서는 "지나친 운동은 건강에 좋지 않다."고 말한다. 마찬가지로 "두뇌발달을 위해 머리를 잘 써야 한다."고 하지만, "지나치게 머리를 쓰면, 정신 건강에 좋지 않다."고 한다. 이런 예는 셀 수 없이 많다. 삶의 모순을 좀 더 느껴보자.

"돈이면 무엇이든 할 수 있다."
"돈으로도 살 수 없는 것이 있다."

"침묵은 금이다."
"한 마디 말로 천 냥 빚을 갚는다."

"착하게 살아라."
"착한 사람은 속기 쉽다."

"아이들은 사랑으로 키워야 한다."
"매를 아끼면 아이를 망친다."

"도량이 넓어야 군자다."
"독하지 않으면 장부가 아니다."

"큰 뜻을 품어라."
"네 꼬락서니를 알아라."

이처럼 삶의 모순은 우리의 일상이다. 삶수행은 삶의 모순을 깊이 자각하는 데서 시작한다. 모순된 세상에서 정신을 차리고 사는 것 자체가 수행이다. 정신을 차리고 삶의 모순과, 그로 인한 고통의 근본원인을 성찰해보자.

고통의 원인, 집착

우리가 세상에 태어나서 온전한 행복에 이르지 못하는 원인은 집착하는 습성에 있다. 세상을 보는 눈도 밝지 못하고 시야도 좁기 때문에, 전체를 바르게 볼 수 없다. 우리는 물질의 사소한 현상에 집착해서, 전체의 본질을 보지 못하고 있다.

집착을 버려야, 현상과 본질의 진실한 관계를 회복할 수 있다.

사람들이 가장 집착하는 것이 물질이다. 돈을 많이 모으는 것이 행복이라고 생각하지만, 진정한 행복은 그런 것과는 상관이 없다. 특히 현상의 삶에서 집착이 강하면, 부분과 부분, 부분과 전체의 관계를 적절히 유지할 수 없다. 물질의 집착에 관한 재미있는 일화가 있다.

옛날 어떤 고을에 한 노인이 있었는데, 그는 무일푼에서 상당한 재산을 일군 사람으로 인근에 소문이 자자했다. 그가 부자가 된 비결을 알고 싶어서, 많은 사람들이 찾아가 묻곤 했다. 하지만 그는 대답하지 않았다. 대부분 포기하고 돌아갔지만, 한 젊은이는 포기하지 않고 계속 찾아와, 부자가 되는 비결을 진심으로 간청했다.

그의 정성에 감응했는지 하루는 노인이 그에게 말했다.

"알고 싶으면, 나를 따라오게."

노인은 그를 데리고 마을을 벗어나 산속으로 들어갔다. 깊은 산 위로 한참을 올라갔는데도, 노인은 멈추지 않았다. 젊은이는 힘들고 의심도 났지만, 참고 끝까지 노인을 따라갔다. 마침내 노인은 한 절벽에 이르러 멈추어 섰다. 절벽 가장자리에는 소나무 한 그루가 있었다. 노인은 젊은이에게 말했다.

"저 나뭇가지를 잡고 낭떠러지에 매달리게."

젊은이는 부자가 되고 싶은 마음에 용기를 내어, 튼튼해 보이는 나뭇가지를 잡고 매달렸다. 그렇게 한참동안 아무 말도 없던 노인이 또 말했다.

"한 손을 떼고 매달리게."

젊은이는 두려운 마음이 들었지만, 이를 악물고 한 손으로 매달렸다. 이윽고 노인이 말했다.

"돈을 그렇게 쥐고, 놓지 않으면 되네."

이 이야기는 진실여부를 떠나 우리에게 많은 가르침을 준다. 세속적으로는 돈을 벌기 위해서 저 정도로 돈을 아껴야 한다고 느낄 수도 있다. 그러나 행복의 관점에서 노인은 행복했을까? 그는 죽어서 가져갈 수도 없는 돈을 평생을 붙들고 놓지 않고 살았다. 덕분에 그는 큰 재산을 일구었지만, 다른 많은 것들을 잃을 수밖에 없었을 것이다.

진정한 부자는 돈을 제대로 쓰는 사람이다.

돈이 아무리 많아도 아까워서 한 푼도 쓰지 못한다면, 그는 무일푼의 가난뱅이와 다름이 없다. 물질은 수단이다. 물질에 대한 집착을 버리고, 정신을 고양시키는 데 재산을 써야 수행의 의미가 있다. 정신적 전환이 되지 않는 물질은 정신을 온전히 보상할 수 없다. 순환이 안 되는 물질은 생명을 해치는 공해가 된다.

물질이 아닌, 정신적 집착도 행복한 삶이 아닐 수 있다. 물질과 정신은 상호작용하며, 전체를 이룬다. 따라서 물질에 치여 정신을 망각하거나, 정신에 빠져 물질을 무시한다면, 그 어느 쪽도 온전한 행복을 이룰 수 없다. 물질을 제대로 얻고 사용하는 정신을 회복하는 수행이 우리가 이 세상에서 해야 할 일이다.

한편 정신이 온전히 깨이지 않은 상태에서는, 어떤 철학이나 이론도 조심히 접근해야 한다. 자신이 바른 상태인 지, 철학이나 이론이 옳은 지 비판의식을 가지고 삶속에서 검증해보는 것이 좋다. 우리가 밝게 깨인 성인의 삶과 말씀을 기준으로 삼고, 수행해야 하는 이유가 여기에 있다.

삶수행의 방법

사람들과 떨어진 외딴 곳에서, 홀로 마음의 평정을 찾기는 비교적 쉬운 일이다. 그러나 세상의 혼란 속에서, 평정을 유지하기는 대단히 어렵다. 대부분의 수행자들이 수행이 완전하지 않은 상태에서 세속의 사람들과 섞이면, 초기의 맑고 밝은 정신이 점차 흐려진다. 수행의 정도와 척도는 일상의 삶속에서 판가름 난다.

진정한 수행은 삶의 수행에 있다.

이 세상은 혼탁하다. 우리 인생에는 선악이 함께 뒤섞여 있다. 극단의 논리가 상대하며, 사회의 시류를 형성하고 있다. 양극단의 모순 속에서 삶의 중심을 잡기란 쉬운 일이 아니다. 수행의 삶에서 성공이란 모순 속에서 중심을 잡는 정도에 달려있다.

이 세상이 의미가 있는 것은 우리를 끝없이 훈련시킨다는 점이다. 모순이 주는 고통을 통해, 우리는 균형과 조화를 배운다. 삶이 곧 수행인 것이다. 그런 의미에서, 수행은 한 마디로 어떻게 살 것인가로 귀결된다.

이 세상이 최고의 수행공간이다.

최고의 성공은 세상의 흔들림에 좌우되지 않는 자유로운 삶이다. 부귀가 있든 없든, 어떤 위치와 상황에 있든지 간에, 자신의 중심을 잡고 얽매임 없이 자유로운 상태로, 자신의 뜻을 펼친다면 최상이다.

삶수행의 관건은 삶의 모순을 어떻게 헤쳐서 나가느냐에 달려있다. 우리는 사는 동안 수많은 모순과 만나게 된다. 이때 어떤 선택을 하느냐가 자신의 인생항로를 결정한다. 이분법적인 선택을 한다면, 온전한 행복을 누릴 수 없다. 요점은 균형조율에 있다. 그렇다면 어떤 기준으로 삶의 모순을 조율할 것인가?

현상과 본질 양면에서 삶을 조율해야 한다.

우선 현상의 삶을 사는 데 참고할 만한 것은 서양적 방법론이다. 모범으로 삼을 수 있는 사례 중에 18세기 계몽주의자 프랭클린의 처세론이 있다. 미국에서 자본주의가 크게 발달한 데는 성공이 신의 은총이라는 믿음이 한몫을 한다. 프랭클린은 자본주의에 도덕원칙을 결합시켜, 자본주의의 모순을 예방하고자 했다.

프랭클린은 물질적 성공에 앞서, 엄격한 도덕을 전제한다. 예를 들어, 성공을 위해 절제, 침묵, 정돈, 결의, 검약, 근면, 성실, 공정, 중용, 청결, 침착, 순결, 겸손이라는 13가지의 덕목들을 제시하고 있다. 이처럼 엄격한 윤리 원칙이 전제된 성공은 하늘의 법도에 어긋나지 않는다.

일상에서 프랭클린의 13덕목을 체득하는 방법은 일정한 기간을 정해서 한 가지 덕목씩 의식적으로 실천해보는 일이다. 예를 들어, 체크리스트를 만들어 이번 주는 '절제'의 덕목에 특별히 주의해서 나의 삶을 관찰하고 성찰한다. 다음과 같이 실천해볼 수 있다.

	1일차 정리	2일차 정리	3일차 정리	4일차 정리	5일차 정리	6일차 총정리	7일차 성찰
절제							

위처럼 체크리스트를 만들어, 그 다음 주는 '침묵'의 덕목에 힘쓴다. 각자 자기 스타일로 체크리스트를 만들면 된다. 이렇게 하나씩 하다보면, 어느 순간 나의 삶이 물질과 정신의 모순 속에서 조화를 찾게 된다. 한번 실천해보자.

안타깝게도 프랭클린이 제시한 도덕성 함양방법은 산업사회의 물질만능주의에 의해, 이제는 그 빛을 크게 상실했다. 지금은 도덕적 과정보다는 물질적 결과를 더 중시하는 풍조가 미국사회에 만연해 있다. 그들이 자랑하는 에티켓, 법과 규범, 윤리, 예의, 상식 등이 형식화되어, 본래의 의미가 퇴색되었다. 이런 현상은 우리사회에서도 크게 다르지 않다.

서양은 어떤 사안에 대해 유형별로 분류해서, 최고의 목적을 이루는 방법론을 극도로 발전시켰다. 하지만 삶의 모순을 조율하는 문제에서는, 동양의 전통적 방법론이 보다 종합적이고 고차원적이다. 동양은 모든 사람과 사물을 천지인(天地人)이라는 3대요소를 근본으로 삼아 판단한다.

천지인은 각각 시간, 공간, 그리고 사람을 의미한다. 말하자면, 3가지 근본요소의 조화 정도가 길흉화복을 정한다고 볼 수 있다. 이것을 현실에 활용하면, 많은 도움이 된다. 예를 들어, 해결하기 힘든 일을 만났을 때, 그 상황을 3대요소로 나누어 분석하고, 이에 대한 해결방안을 표로 만들 수 있다.

	난제의 모순과 상황	난제의 해결방안
시대의 흐름		
주위 환경		
나와 인간관계		

시간, 공간, 그리고 사람의 3대요소를 세밀하게 나누어서 모든 일, 상황, 인물 등을 분석하면, 자신이 취해야 할 태도와 앞으로 가야 할 진로가 보인다. 이 분석법을 자신의 본모습을 찾아가는 수행에도 적용하는 것이 좋다. 나를 정확히 알아야, 소중한 시간과 생명력을 낭비하지 않고, 목표한 곳에 도달할 수 있다.

모든 것은 문제 속에 해답의 실마리가 있다. 천지인 3대요소 중에서, 인간이 가장 중요한 요소다. 사람에 대한 평가는 그의 말에 있는 것이 아니라, 그의 삶의 궤적 속에 있다. 예수도 그 사람의 행위를 보고 사람됨을 알 수 있다고 설파했다. 중점은 삶의 지향점이라는 것을 알 수 있다.

문제는 개인마다 의식의 편차가 다르다는 데 있다. 따라서 같은 시공간과 사람 속에서도 해결하는 방식이 각자 다르다. 만약 바른 의식을 갖고 있지 않다면, 상황을 잘못 판단하고 그릇된 길로 들어설 수 있다. 따라서 삶의 중심을 잡는 원칙을 바르게 세워야 한다.

삶의 중심은 진실이다

우리가 효율성만 중시하면, 과정보다는 결과만으로 모든 것을 판단하기 쉽다. 그러나 과정이 무엇보다 중요하다. 과정이 도리에 어긋나면 일시적으로는 이득을 보겠지만, 길게 보면 손해가 된다. 사람들이 계속 당하고 있지만은 않기 때문이다.

에머슨은 "악마는 바보다."<보상>라고 말했다.

자신의 이득만을 취하고 남을 괴롭히는 악마는 자연의 대법칙인 인과율을 모르기 때문이다. 작용에는 반드시 그에 상응하는 반작용이 있기 마련이다. 자신이 저지른 악행의 결과는 언젠가 반드시 자신에게로 되돌아온다. 세상이 하나로 연결되고 있어서, 반응이 점점 빨라지고 있다. 초융합사회가 실현되면, 상호작용이 즉각적으로 이루어질 수 있다.

서양속담에 최상의 방책은 정직이라는 격언이 있다. 정직은 삶의 진실성을 의미한다. 진실은 사업관계에서 신용을 얻는 가장 중요한 덕목이다. 서양의 도덕성이 동양보다 높아서, 이런 말이 있는 것은 아니다. 오랜 거래경험을 통해 정직한 사업자와의 거래가 결국 이익이라는 사실을 체득한 것이다.

진실은 인간관계의 균형점을 이루는 덕목이다.

가장 원초적인 인간관계는 남녀관계다. 어린이 만화영화 <알라딘>에서 남녀관계와 관련한 재미있는 장면이 나온다. 주인공 알라딘이 램프의 요정 지니에게 공주의 사랑을 얻는 방법을 묻자, 지니는 '진실(Truth)'이라고 답했다. 다른 어떤 물질적 수단보다, 진실한 사랑이 좋은 반려자를 얻는 비결임을 알 수 있다.

부귀는 인생을 살아가는 수단에 불과하다. 물론 무시해서는 안 될 중요한 수단이다. 하지만 수단과 방법을 가리지 않고 부귀를 얻기 위해, 양심을 저버리는 일이 많다. 물질적 성공에 함몰되어 있다면, 인생의 목적과 수단이 뒤바뀐 것이다.

이러한 풍조에는 현재의 교육도 한몫하고 있다. 지금 학교는 위기에 놓여있다. 출산율이 줄고, 인공지능화된 교육프로그램이 점차 교사를 대체하고 있기 때문이다. 자신의 개성을 회복하고, 진리에 입각해서 조화로운 삶을 살 수 있도록 하는 것이 교육의 진정한 목적이다. 앞으로 학교가 살아남는 길은 삶의 중심을 잡아주는 인간교육에 달려있다. 삶의 중심을 잡는 능력을 길러야, 시대의 흐름에 맞게 물질과 정신을 조화시킬 수 있다.

관계의 미학, 중도

진실한 삶을 사는 도리로 성인(聖人)이 공통적으로 가르친 것은 중도의 이치다. 그 이치에 해당하는 표현만 다를 뿐이다. 중도는 본질적 삶이란 측면에서는 진리이고, 현상적 삶에서는 모순을 헤치고 나가는 조화와 균형의 지혜다. 따라서 삶의 중도는 진실한 관계의 삶이라고 할 수 있다. 이 점에서, 중도는 본질과 현상을 동시에 아우른다.

서양식 중도는 대체로 이분법적인 시각으로 양극단의 중간을 의미한다. 그러나 중도는 단순히 중간을 의미하지 않는다. 중도는 획일적인 이론이 아니다.

현실에서 중도는 달리 표현하면 관계의 미학이라고 할 수 있다. 모든 관계는 정체된 것이 아니기 때문에, 상황의 흐름에 따라 변한다. 관계의 총체적 흐름이 조화롭고 기운차게 생동하면, 자연의 생명력과 아름다움을 느낄 수 있다.

삶의 중심은 바로 나 자신이다.

따라서 관계의 중도는 나의 자립에서 시작한다. 남에게 의지하는 삶은 불완전하기 때문이다. 어려서부터 나 자신으로 사는 법을 배워야 하는 이유다. 나비는 애벌레를 거치지 않으면 나비가 될 수 없듯이, 점진적인 훈련과정과 단계적 성장을 통해서 나는 홀로 설 수 있다. 한 번에 되는 일은 없다. 그렇게 되는 일은 이미 그전에 많은 준비와 숙성이 된 것이다.

자립은 관계의 균형을 체득하는 것이다.

일상의 나는 관계와 역할로 존재하기 때문에, 상대방의 입장을 고려하는 것이 삶의 균형을 유지하는 가장 좋은 방법이다. 이러한 삶의 태도는 공자가 인간관계의 핵심으로 본 충서(忠恕)와 인(仁)의 덕목이기도 하다. 물론 상대방의 입장에 너무 치우쳐도 관계의 균형이 깨진다.

서로 적당한 거리를 두는 것이 건전한 인간관계의 요점이다.

관계의 균형을 이루는 데는 적절히 '밀고 당기는' 기술이 필요하다. 소위 밀당은 연인사이에만 필요한 것이 아니다. 심지어 부부사이나 부모자식 간에도 필요하다. 예를 들어, 부모가 아이를 너무 끼고 살면, 아이의 건강한 독립에 장애가 된다. 사랑으로 보듬을 때는 확실히 당겨 안아야 되겠지만, 규범을 가르칠 때는 엄격히 거리를 두는 것이 좋다. 부부사이도 적당한 밀당이 있어야, 가정이 건강하게 유지된다.

밀당의 균형은 모든 인간관계에 필요하다. 적당한 거리를 두고 보아야, 관계의 객관적 실체를 인식할 수 있다. 지나친 집착으로 관계를 내게 너무 가깝게 가져오면, 균형이 깨지고 모순과 갈등이 증폭

된다. 이 점에서, 모든 일에 욕심, 아집, 편견 등이 내게 있는 지, 없는 지 늘 성찰하는 습관을 들이는 것이 좋다.

어떤 결정이나 행동을 실천하기 전에, 적어도 3번은 숙고하자. 이런 습관이 체득되면, 중도적 시각이 길러진다. 중도적 시각이 확장될수록 총체적 시각이 확장된다.

인내의 정신

삶의 모순 속에서 적절한 관계를 유지하는 데는 고통이 따른다. 고통은 모든 존재의 공통 현상이다. 우주의 운행과 자연의 흐름도 부드럽지 않다. 전체 생명은 형태뿐만 아니라 작용에서도 서로 맞물려 부딪치며, 생명공동체를 이루고 있다. 자연의 질서가 부드러울 것 같지만, 그 속에는 거친 생명의 고통이 있다.

자연도 그러한데, 인간사회는 얼마나 고통스러울 것인가? 서로 이해관계가 다른 양극단의 세력과 구조가 대치하며 돌아가고 있기 때문에, 인류사회는 하루도 편안할 날이 없다. 멀리 볼 것도 없이 우리사회만 봐도 알 수 있다.

삶수행은 모순과 갈등의 터널을 지나가는 것과 같다.

어두운 터널을 지나가는 동안은, 참고 기다리는 수밖에 없다. 어둠을 참고 이겨내는 불굴의 정신은 수행의 필수적인 요소다. 들판에 아름답게 핀 꽃도 시련을 견디고 핀다. 하늘은 꿀 같은 자양분만 주는 것이 아니다. 험난한 비바람과 태풍과 같은 고통도 준다. 그 고통을 이겨내야, 아름답게 꽃을 피울 수 있는 것이다. 인간을 완성하는 수행도 마찬가지다.

거쳐야 할 모든 고난을 극복해야, 수행의 목적지에 이를 수 있다. 예외는 없다. 수행에는 속성이 없다. 바른 길을 따라, 모든 과정을 거치는 것이 가장 빠른 지름길이다. 수행의 완성이 더디거나 잘못되는 이유는 얄팍한 욕심 때문이다. 된장과 간장도 발효와 숙성을 제대로 거쳐야 제 맛을 내듯이. 수행의 묘미도 숙성의 기간이 필요하다.

수행이 숙성될 때까지 참고 인내하는 수밖에 없다.

사회의 고통을 해소하는 일도 마찬가지다. 사회의 불균형을 해소하는 노력을 바르게 하고, 소통의 열망이 숙성될 때까지 기다리는 인내가 필요하다. 인내의 정신과 문화는 개인과 사회의 안정을 위해 반드시 필요하다.

소아(小我)에서 대아(大我)로

소아(小我)는 집착과 모순으로 가득한 나이고, 대아(大我)는 애착을 버리고 균형을 회복한 진실한 나다. 지나친 이기주의는 소아의 삶이다. 나만 또는 우리끼리만 잘 살면 된다는 심리로는 행복을 담보할 수 없다. 소아의 삶은 암 덩어리와 같다. 암적 존재는 눈앞의 자기 이익만 추구하다가, 전체 생명공동체를 붕괴시킨다. 사회가 망하면, 그 존재도 살 길이 없다. 참으로 어리석은 존재가 아닐 수 없다.

어느 사회나 양상은 다르지만, 패거리문화가 있다. 이익을 위해 혈연, 지연, 학연 등으로 패거리를 이루는 것은 대표적인 소아의 삶이다. 재미있는 점은 패거리는 내부의 싸움으로 망한다는 사실이다. 자기 이익만 추구하는 사람들끼리 모인 집단이기 때문에, 이익이 공평히 분배될 리가 없다. 이익에서 소외된 자들의 불만이 고조될 수밖에 없고, 참을 수 있는 임계점이 넘어가면 폭발하게 된다. 개인과 집단 모두 내부에서 망하는 법이다.

삶수행은 보살과 군자의 수행이라고 할 수 있다.

보살과 군자의 의미를 확대해서 보면, 둘 다 인생방향이 같다. 둘 다 모든 사람을 아우르는 넓은 마음으로 진리의 삶을 사는 대인(大人), 즉 대아(大我)를 이룬 사람이다. 나를 깨워 바르게 세우고 주변 사람과 바른 관계를 유지하는 과정이 소승의 수행이라면, 그 관계를 넓혀 세상의 개선에 동참하는 것이 대승의 수행이다.

수행은 소아에서 대아로 가는 과정이다.

소아에서 대아의 삶으로 인식의 대전환을 이루어야, 진정한 평화와 번영을 함께 누릴 수 있다. 인류사회가 점점 하나의 공동체로 돼 가고 있기 때문에 더욱 그렇다. 의식전환의 단계는 나에게서 시작해서, 가정과 사회 그리고 세상으로 점차 확대해 가는 것이 바람직하다.

  대동사회를 이루면, 사람들이 편안함을 느낄 수 있다. 삶의 모순을 서로 인정하고 조율해서, 다툼이 사라지기 때문이다. 현실적 차원에서 진리가 구현되는 것이다.

수행 요점정리

- 삶은 진공상태에 있지 않다.
- 평정심 유지가 힘든 것은 세상의 근본적 모순 때문이다.
- 행복과 불행은 짝을 이룬다. 행복을 바랄수록 불행이 찾아온다.
- 존재 자체가 모순되어 있다.
- 육체의 편안함을 추구할수록 정신은 병이 들게 된다.
- 생명은 본성과 육신의 모순 속에 있다.
- 삶수행은 삶의 모순을 깊이 자각하는 데서 시작한다.
- 온전한 행복에 이르지 못하는 원인은 집착하는 습성에 있다.
- 집착을 버려야, 현상과 본질의 진실한 관계를 회복할 수 있다.
- 사람들이 가장 집착하는 것이 물질이다.
- 진정한 부자는 돈을 제대로 쓰는 사람이다.
- 정신적 전환이 되지 않는 물질은 정신을 온전히 보상할 수 없다.
- 정신적 집착도 행복한 삶이 아닐 수 있다.
- 미혹의 상태에서는 철학과 이론도 조심히 접근해야 한다.
- 진정한 수행은 삶의 수행에 있다.
- 수행의 삶에서 성공은 모순 속에서 중심을 잡는 정도에 있다.
- 세상이 의미가 있는 것은 우리를 끝없이 훈련시킨다는 점이다.

- 이 세상이 최고의 수행공간이다.
- 최고의 성공은 세상의 흔들림에 좌우되지 않는 자유로운 삶이다.
- 삶수행의 관건은 삶의 모순을 헤쳐서 나가는 데 있다.
- 요점은 균형조율이다.
- 현상과 본질 양면에서 삶을 조율해야 한다.
- 일상에서 프랭클린의 13덕목을 의식적으로 실천해본다.
- 동양은 천지인 3대요소로 길흉을 판단한다.
- 3대요소를 분석하면, 취해야 할 태도와 진로가 보인다.
- 천지인 중에서, 인간이 가장 중요한 요소다.
- 같은 시공간과 사람 속에서도 해결하는 방식이 각자 다르다.
- 자연의 대법칙은 인과율이다.
- 악마는 인과율을 모르는 바보다.
- 자신이 저지른 악행의 결과는 반드시 자신에게로 되돌아온다.
- 진실은 사업관계에서 신용을 얻는 가장 중요한 덕목이다.
- 진실은 인간관계의 균형점을 이루는 덕목이다.
- 진정한 사랑을 얻는 방법도 진실이다.
- 개성을 회복하고 진리에 맞게 살게 하는 것이 교육의 목적이다.
- 성인이 공통적으로 가르친 것은 중도의 이치다.
- 중도는 진리이자, 모순을 헤쳐 나가는 조화와 균형의 지혜다.
- 현실에서 중도는 달리 표현하면 관계의 미학이라고 할 수 있다.
- 자립은 관계의 균형을 체득하는 것이다.
- 상대방의 입장 고려가 균형을 유지하는 가장 좋은 방법이다.
- 서로 적당한 거리를 두는 것이 건전한 인간관계의 요점이다.

- 관계의 균형을 이루는 데 적절히 '밀고 당기는' 기술이 필요하다.
- 부부사이도 적당한 밀당이 있어야, 가정이 건강하게 유지된다.
- 적당한 거리를 두어야, 관계의 객관적 실체를 인식할 수 있다.
- 어떤 결정이나 행동을 실천하기 전에, 적어도 3번은 숙고하자.
- 자연의 질서 속에는 거친 생명의 고통이 있다.
- 거쳐야 할 모든 고난을 극복해야, 수행의 목적지에 이를 수 있다.
- 수행의 완성이 더디거나 잘못되는 이유는 얄팍한 욕심 때문이다.
- 수행의 묘미도 숙성의 기간이 필요하다.
- 수행이 숙성될 때까지 참고 인내하는 수밖에 없다.
- 수행은 소아에서 대아로 가는 과정이다.
- 소아의 삶은 암적 존재와 같다.
- 이익을 위해 패거리를 이루는 것은 대표적인 소아의 삶이다.
- 개인과 집단 모두 내부에서 망하는 법이다.
- 소아에서 대아로 대전환을 이루면, 평화공영을 누릴 수 있다.

06

길 위에서 만나는 나, 수행투어

06

길 위에서 만나는 나, 수행투어

인생은 진리로의 긴 여정이다. 진리를 뜻하는 도(道)는 길이란 뜻도 함께 가지고 있다. 길 위에 삶이 있고 진리가 있다. 여행은 일상의 나로부터 떠나는 일이다. 수행투어 과정에서 사회적 역할에서 벗어나 자유로운 상태에서, 나를 근원적으로 바라보는 통찰력을 기를 수 있다.

수행투어는 길 위에서 나를 만나는 여정이다.

일상의 나와 일상 밖의 나는 실상 하나이지만, 수행투어를 통해 나의 다른 모습을 볼 수 있다. 그 과정을 통해 나의 잠재된 무의식을 깨울 수 있다. 수행투어는 단순히 즐기는 여행과 다르다. 무엇보다 특별히 계획된 일정 속에서, 나 자신과 삶을 관찰하는 힘을 기르는 데 수행투어의 목적이 있다. 더불어 이 여행을 통해 몸의 기운과 마음의 안정을 끌어올릴 수 있다.

한편 내가 만나는 사람들은 또 다른 나의 분신들이다. 동일한 근원에서 나와서, 다른 존재로 있을 뿐이다. 그들의 모습을 통해서 새롭게 나를 돌아보는 기회로 삼아보자.

일상 밖에서 객관적으로 보기

나는 거울에 비친 내 모습을 자주 본다. 대부분 헤어스타일을 다듬기 위해 보는 편이지만, 어쩌다 거울 속의 내가 내 본래 모습인가라는 생각이 들 때가 있다. 아직은 동안이라고 위로하지만, 늙어가는 모습을 느낄 수밖에 없다. 마흔이 넘으면, 자기 얼굴에 책임을 져야 한다는 말이 있다. 이제 나는 환갑을 앞두고 있는데, 나는 어떤가?

나를 가만히 들여다보는 기회를 일상에서 갖기는 힘들다.

본질은 현상 속에 투영되어 있다. 나의 본성도 삶 속에 투영되어 있다. 나를 찾아가는 여정은 세상 속에 있다. 그러나 주어진 환경 속에서만 있다면, 역할로 주어진 자신의 모습만 보기 쉽다. 나를 여러 각도에서 볼 수 있는 활동 중의 하나가 여행이다.

일반적인 여행은 보고 맛보고 새로운 문화를 즐기는 데 초점이 있다. 이를 통해 새로운 활력을 충전할 수 있다. 그러나 유흥에만 목적을 두면, 여행이 오히려 몸과 마음을 지치게 할 수도 있다.

수행투어는 새롭고 다양하게 나를 보고, 삶의 지혜를 얻는 데 의미가 있다. 따라서 투어 중에서 접하게 되는 환경과 사람들, 그리고 같은 시공간 속에 있는 나를 새롭게 돌아보고, 깨우침을 얻는 기회를 많이 만드는 것이 좋다.

의식이라는 관점에서 보면, 현재의 나는 여러 감각이 상호작용하며 종합적으로 느끼는 결과일 뿐이다. 내가 진정한 나를 보지 못하는 이유는 감각의 울타리에 갇혀있기 때문이다. 내 취향에 따라 보고 느끼기 때문에, 사람들과 다른 나만의 관점으로 나와 세상을 바라보게 된다. 좋고 싫음이 사람마다 분명하다. 나의 인식체계가 바르지 않기 때문에, 내 삶의 객관적 실체를 파악하기 힘들다. 그러므로 인식의 좁은 한계를 극복하기 위해서는, 나와 내 삶을 객관화하는 연습이 필요하다.

현실에서는 자신을 제3자의 입장에서 바라보기란 쉽지 않다. 당면한 현실은 자신의 이해관계가 직접적으로 얽혀서 움직이고 있기 때문이다. 남의 문제에 대해서는 개관적인 시각으로 보고 평가를 내리지만, 자신의 문제에 대해서는 그렇지 못하다.

자신의 감정이 개입되는 순간, 객관성이 사라진다.

감정이라는 것이 오묘해서 한번 발동이 되면, 계속 크게 증폭이 된다. 그래서 자신과 주위의 상황을 점점 더 꼬이게 만든다. 소통이 힘든 상황이 되면, 일상의 나로부터 한 발짝 거리를 두고, 내 자신과 주위를 돌아볼 필요가 있다. 자신을 객관화하는 훈련을 수행투어에서 해보는 것이다.

제3자의 입장에서 나를 개관화하는 방법은 일차적으로 도덕의식 함양과 관련된다. 앞서 수행은 나의 몸과 마음과 삶의 흐름을 보는 것이라고 했다. 평소에 나는 나를 특별하게 느끼는 분별의식에 의해 지배를 받는다. 그런데 분별의식을 바라보는 또 다른 의식이 나에게는 잠재해 있다. 그것을 쉽게 양심의 눈이라고 해도 좋다.

예를 들어, 내가 나쁜 짓을 무의식적으로 할 때면, 나의 습성에 젖어있는 분별의식은 그것을 너무도 당연하게 받아들여서, 잘못을 인식하지 못한다. 그러나 양심의 눈은 조용히 그것을 직시하고 있다. 양심이 발동하면, 나쁜 습성을 후회하고 멈추게 되는 것이다. 양심의 눈이 밝아지면, 나쁜 습성은 사라진다.

객관화는 내 양심의 눈을 밝히는 일이다.

그것은 나의 일상적인 감정과 생각을 제3자의 입장으로 보는 연습이다. 역지사지(易地思之)란 말이 객관화의 가장 좋은 방법이다. 상대방의 처지에서 바라보고 생각하는 습관을 기르면, 중도의 삶이 보인다. 수행투어는 나를 객관화시켜 볼 수 있는 좋은 기회다.

자연의 생명력 회복

우리는 대부분 도시에 산다. 서울뿐만 아니라 지방의 모든 도시에 사는 사람들은 대부분 콘크리트 건물에 갇혀있다고 해도 과언이 아니다. 도시의 건축물은 자연의 생명흐름에 역행하는 구조와 물질로 구성되어 있다. 그뿐만 아니라 인체에 유해한 각종 환경공해가 우리의 생명력을 감퇴시키고 있다. 요즘 생태적 건축이나 환경기술이 발달하고 있지만, 자연의 생명력을 회복하는 데는 한계가 있다.

인간은 자연의 일부라는 사실을 결코 잊어서는 안 된다.

몸을 구성하는 요소는 크게 내장, 근육, 뼈, 혈관, 혈액, 체액, 신경계 등이다. 이것을 물질로 분석하면, 산소, 탄소, 수소, 질소 등으로 나눌 수 있다. 한의학의 원리로 보면, 목화토금수(木火土金水)의 작용으로 몸이 움직인다. 우리 몸이 자연의 구성과 변화의 원리와 다르지 않다는 것을 알 수 있다.

나는 자연의 일부로서 자연의 생명흐름에 동참할 수밖에 없다.

그러나 나의 삶은 자연과 상당히 분리되어 있다. 나는 자연의 흐름을 역행한 물질문명 안에서 살고 있고, 앞으로도 여기서 벗어날 수 없다. 자연과 인간을 연결하는 첨단 생태기술이 개발되고 있지만, 아마도 내 생애동안에는 자연과 인간이 완전히 하나가 되는 생태적 문명을 건설하는 일은 힘들 것 같다.

생태적으로 사는 것도 한계가 있기 때문에, 나는 적극적으로 그리고 주기적으로 자연으로 들어가, 자연의 생명력을 회복해야 한다. 숲이 우거진 산이나 생명의 요동을 느낄 수 있는 강과 바다로 정기적으로 수행투어를 떠나면, 생기회복에 크게 도움이 된다.

땅의 기운을 받고 싶으면, 산으로 가는 것이 좋다.

지질학적으로 산은 지구 내부의 불기운이 솟구쳐 오른 것이다. 그래서 산에 가면 강한 기운을 느낄 수 있는 곳이 많다. 예전에 도인들이 산에서 수련한 이유다. 요즘도 그런 예는 많이 찾아 볼 수 있다. 산의 정기가 어려 있고 앞이 탁 트인 곳에 앉아있으면, 호연지기가 발동하고 정신이 맑아지는 것을 느낄 수 있다. 사람들이 어려울 때 산을 찾는 이유도 이런 경험을 맛보기 때문일 것이다.

나는 마음이 매우 심란하면, 작정을 하고 설악산에 간다. 설악산은 금강산 못지않은 빼어난 절경과 기운을 지니고 있다. 설악산 정상으로 가는 길목에 곱게 일직선으로 뻗은 아름드리 소나무가 땅의 강한 기운을 느끼게 한다. 소나무 옆길을 걸으면서 산의 정기를 온몸으로 흡수하고, 나를 성찰하는 힘을 얻는다. 설악산 이외에도 지리산, 태백산, 한라산, 마니산 등 정기를 얻을 수 있는 산이 무수히 많다. 우리 주위의 가까운 산도 좋다.

바다도 생명의 기운을 크게 느낄 수 있는 곳이다.

우리나라는 삼면이 바다이기 때문에, 내륙지역에 있더라도 시간을 좀 내면 하루 안에 바다의 기운을 만끽하고 돌아올 수 있다. 지혜로운 자는 바다를 좋아한다는 말이 있다. 그것은 그만큼 바다에서 약동하는 생명력을 느끼고, 그 속에서 지혜를 얻을 수 있기 때문이다.

수행음식

금강산도 식후경이란 말이 있다. 여행에서 제일 중요한 것이 먹는 음식이라는 말이다. 수행투어는 심신의 활력을 새롭게 충전할 수 있는 좋은 기회다. 지친 몸과 마음을 쉬면서 지역의 특산 향토음식을 먹으면, 생명의 기운이 향상된다.

우리가 먹고 마시는 음식이 우리 자신을 이룬다.

음식과 몸의 관계는 수행에도 그대로 적용된다. 어떤 음식을 먹느냐가 수행의 성패를 좌우할 수도 있다. 평소 우리는 대체로 편식을 하는 편이다. 먹는 음식이 어느 정도 정해져 있기 때문이다. 따라서 음식으로 얻는 기운이 편중될 수 있다. 수행투어의 목적지로 찾아가는 지역의 향토음식으로, 편중된 기운을 고르게 조율해보자.

평소의 식습관에서 벗어날 수 있는 기회를 수행투어에서 찾아보면 좋겠다. 방문하는 지역의 특산 향토음식을 먹고 즐기면서, 오감을 균형 있게 자극할 수 있다. 제철의 식재료가 생산되는 현지에서 향토음식을 먹으면, 음식이 주는 영양뿐만 아니라 그 지역의 공기와 물, 그리고 생명의 기운을 동시에 섭취하게 된다.

나는 수행을 연구하면서 먹는 것만으로도 깨달으면, 얼마나 좋을까라는 생각을 한 적이 있다. 실제로 오감이 모두 깨달음의 통로다. 수행의 방법으로 향기나 소리 등을 이용한 오감테라피가 있다. 음식도 그 중의 하나다. 앞서 채식에 관한 얘기를 했는데, 여기서는 좀 더 폭넓게 음식을 얘기해보겠다.

전문 수행자가 아닌 사람은 음식을 골고루 먹는 것이 좋다.

몸은 우리가 아는 몇 가지 음식으로 이루어진 것이 아니다. 마음의 영역이 무한하듯이, 몸의 영역도 무한하다. 몸은 우리가 모르는 수많은 영양소와 물질로 구성되어 있다. 우리가 아는 것은 극히 일부분에 불과할지도 모른다.

그러므로 특정한 식재료로 만든 음식만으로, 영양의 균형을 이루고자 하는 것은 균형의 이치에 맞지 않다. 활동량에 맞게 골고루 먹는 것이 에너지 공급과 영양의 균형에 좋다. 수행투어는 한 곳에 안정적으로 머물며 하는 집중수행이 아니기 때문에, 채식을 고집할 필요가 없다. 여행의 피로를 풀고, 원기를 회복하는 데는 해산물이 좋다.

해산물이 육류보다는 생명의 기운이 높다.

수행투어 자체를 심신의 기운을 높이는 데 초점을 둘 수도 있다. 나는 새로운 활력을 얻고 싶을 때, 가끔 부산에 간다. 부산에서 해물로 만든 음식을 먹으면, 나는 큰 활력을 느낀다. 칼칼한 해물국수, 시원한 대구탕, 쫀득한 꼼장어구이 등이 아직도 생각난다.

가장 좋은 수행음식은 제철음식이다.

계절에 맞는 제철음식은 계절의 기운이 들어있다. 우리나라는 특히 4계절이 뚜렷하기 때문에, 각 계절에 나는 음식에는 더욱 강한 생명력이 깃들어 있다. 금수강산이라 불리는 우리의 산과 들 그리고 강과 바다에는 약용동식물이 지천으로 있다. 특히 약성이 좋은 산나물과 약초가 많다.

약초와 산나물을 잘 활용하면, 수행하는 데 매우 이롭다.

한편 우리나라에는 발효음식이 발달해 있다. 발효음식은 장의 기능에 매우 좋다. 장은 동양의학에서 생각에 해당하는 장기이기도 하다. 뇌와 장의 신경이 서로 연결돼서, 심신의 균형을 담당하고 있다. 인체의 조율작용을 하는 신경전달물질인 세로토닌이 뇌뿐만 아니라 장에도 많다.

발효음식은 신경이 안정적인 기능을 하는 데 큰 역할을 한다.

대표적인 발효음식으로 김치, 된장, 청국장, 간장 등이 있다. 특히 약초와 산나물을 발효해서 차나 음식으로 꾸준히 섭취하면, 심신의 기운을 높이고 안정시키는 데 크게 도움이 된다. 제철에 나는 엄선된 식재료로, 정성을 들여 만든 발효음식은 인체에 쌓인 독소를 배출하는 데 탁월한 효능이 있다.

수행처 순례

학교에는 공부하는 기운이 있고, 직장에는 일하는 기운이 있다. 마찬가지로 수행공간에는 수행의 기운이 있다. 수행의 맛을 보기 위해 수행투어의 일환으로 수행처를 찾아가는 것도 좋다.

나는 수행을 연구하면서 천주교 수사(修士)들이 불교의 수행법을 참고하고, 스님들 못지않게 수행을 한다는 사실을 알고 놀란 적이 있었다. 진리를 향한 열망에는 종교의 벽이 없다는 것을 새삼 깨달았다. 수행자는 종교의 형식보다는 종교가 지향하는 근본에 충실하기 때문에, 서로 경계가 없다.

초기 기독교인 중에서 다석 유영모는 대표적인 수행자였다. 오산중학교를 졸업한 인연으로, 나는 그분의 제자들과 만난 적이 있었다. 나는 그들을 통해 유영모 선생님이 종교를 회통한 진정한 종교인이라는 사실을 깨달았다. 덕분에 공자, 노자, 석가, 예수의 말씀을 관통하는 공통의 진리를 하나의 책으로 엮어 낸 적이 있다.

불교계에서도 탄허 스님은 종교를 통섭한 분으로 유명하다. 유불도뿐만 아니라 기독교에도 해박했다. 실제로 탄허 스님의 언행을 보면, 종교의 벽이 없다는 것을 느낄 수 있다. 이처럼 진정한 종교인에게는 형식을 떠난 삶의 진실성이 있다. 김수환 추기경, 법정 스님, 그리고 강원용 목사 사이의 진실한 교류는 유명하다. 진실은 진실로 상통하기에 가능한 일이다.

수행의 정신이 어려 있는 곳은 모두 수행처라고 할 수 있다.

명동성당, 길상사, 경동교회 등을 방문해서 그곳에 깃든 선각자의 정신과 삶을 반추해보는 것도 좋은 수행투어다. 이 밖에도 성지순례를 통해 자신을 각성하는 계기를 만들 수 있다. 요점은 성인들의 근본정신을 통해 나를 반추해보는 것이다.

수행이 일반화된 인도에서는 요가가 대중적으로 인기가 높다. 요가 수행처에서는 종교의 벽이 없다. 멀리 인도까지 가지 않아도 히말라야 요가를 체험할 수도 있다. 국제 히말라야 요가명상협회 연합의 한국지부인 <아힘신 코리아>에 가면 인도명상요가의 정수를 맛볼 수 있다. 이밖에도 종교적 색체가 없는 수행공간으로 보은에 있는 <선애빌 생태공동체 마을>에 참여해보는 것도 좋다. 또한 종교단체에서 운행하는 수행공간을 잘 활용하는 것도 도움이 된다. 예를 들어, 종교를 떠나 불교의 템플스테이나 천주교의 피정의 집에서 운영하는 프로그램에 참여하는 것도 한 방법이다.

수행투어 계획세우기

일상적인 삶의 궤적은 비교적 단순하다. 대체로 만나는 사람도 정해져 있고, 하는 일도 그렇다. 판에 박힌 일상 속에 진리가 있지만, 우리는 그 평범한 진리를 간과하기 쉽다. 몸과 마음에 새로운 생기를 주고 정신을 가다듬을 필요가 있을 때, 수행투어를 계획하면 좋다.

수행투어의 목적과 초점이 분명할수록 효과가 높다.

일상에서 놓치기 쉬운 새로운 시각을 얻는 계기와 효과를 극대화하기 위해서는, 수행투어를 꼼꼼히 계획해야 한다. 예를 들어, 평소 자신이 부족한 점을 관찰하거나 특별히 중점을 두고, 체득해야 할 덕목을 일상 밖에서 연습하고 실천해볼 수 있는 코스를 짜본다. 수행체험과 더불어 향토음식이나 제철음식을 맛볼 수 있는 곳을 연계해서 수행투어를 계획하면, 일석이조가 될 것이다.

이 책도 수행을 어떻게 해야 할지 구체적으로 생각할 겸 부산으로 1박2일의 짧은 수행투어를 한 결과물이다. 부산으로 특별히 떠난 이유는 신라시대에 종교를 통섭한 고운 최치원의 수행유적이 해운대에 있기 때문이다. 고운의 수행유적이 있는 동백섬 주위를 걸으면서, 나는 수행할 결심을 다졌다. 고운의 정신을 현대적으로 구현한다면, 나를 찾는 수행을 실천하고, 이 시대가 당면한 모순과 갈등을 근본적으로 푸는 데 도움이 될 것이라고 믿는다.

수행투어를 계획할 때, 핵심은 방문 목적에 맞게 장소, 시간, 그리고 만날 사람을 잘 조율하는 데 있다. 그리고 여행을 떠나기 전에 미리 몸과 마음의 준비를 하면, 수행투어의 효과를 극대화할 수 있다. 수행투어는 고요히 자신을 돌아보는 데 중점이 있으므로, 일정에 여유를 두는 것이 좋다.

여러 곳을 둘러보는 것보다, 목적에 맞는 한두 곳과 더불어 현지의 제철 특산음식을 맛볼 수 있는 곳을 선택하고 집중하면, 효과를 높일 수 있다. 그리고 무엇보다 수행에 도움이 될 사람을 잘 섭외하는 것이 중요하다. 함께 할 사람이 없다면, 방문하는 곳의 문화를 미리 파악해두면 도움이 된다.

투어일지 작성

수행투어의 목적을 제대로 이루기 위해서는 수행투어 전 과정을 수행일지에 기록하는 일이 필요하다. 출발 전부터 투어의 목적에 맞게 준비하고 있는 지 체크한다. 더불어 투어 전체 과정을 마음속으로 그려보고, 자신의 각오를 기록한다. 이런 과정을 통해 몸과 마음이 적절히 그 목적에 맞게 준비가 된다. 일종의 마인드컨트롤이라고 할 수 있다.

이미지 트레이닝을 충분히 한 후에 떠난다.

목적지에 이동하는 동안에는 마음의 휴식을 취한다. 마음이 쉬는 동안, 내가 미처 생각하지 못한 수행 아이디어들이 떠오를 수 있다. 이때 생각나는 것이 있으면, 바로 기록한다.

본 투어 중에는 방문한 장소, 먹은 음식, 만난 사람 등에 대한 느낌이나 생각, 감정 등을 자유롭게 메모해둔다. 기록이 어려우면, 휴대폰에 간단하게 녹음해두면 편리하다. 요즘 최신 애플리케이션을 사용하면, 녹음해둔 것을 나중에 바로 글자로 전환이 가능하다. 나는 쓰는 것이 생각을 정리하는 데 편해서, 수행투어 중에는 꼭 노트를 들고 다닌다. 응용 프로그램에 익숙한 사람에게는 앱을 사용하는 것이 더 유익할 수도 있다.

수행투어 중에 만나는 사람들은 나의 수행동반자들이다.

그들의 모습과 대화에서 내가 놓치고 있던 수행의 원리나 방법을 배울 수 있다. 삶의 수행에서 보면, 그들의 삶의 방식이 모두 내 수행을 비추어볼 수 있는 거울이 된다. 나를 반추해볼 수 있는 것들을 틈나는 대로 기록한다.

기록하는 요령은 앞서 <마음일기>처럼 마음에서 일어나는 상념들을 그대로 적는 것이다. 가능하면 그 상황도 함께 적으면 좋다. 낮에 메모한 것들을 조용한 시간이나 잠자리에 들기 전에 정리를 해야 한다. 정리하지 않으면, 메모한 것들을 하나로 꿸 수 없다.

투어 최종정리

수행투어를 마치고 돌아와서, 수행경험들을 최종정리하고 통합하는 과정이 중요하다. 투어 중에 떠오른 생각의 편린들을 하나로 엮고 의미를 부여하면, 내 수행단계가 한 단계 올라가는 데 도움이 되는 영감을 얻을 수 있다. 정리하는 과정을 통해, 나를 총체적으로 보는 통찰력과 삶의 지혜를 얻을 수 있다. 여기서 요점은 객관성 유지다.

나를 중심으로 통섭하되, 가능한 객관적인 입장에서 정리한다.

수행투어를 마무리하는 단계에서는, 정리한 기록을 다시 보면서 자신을 성찰하는 시간을 가져야 한다. 기록도 시간이 지나면 잊힌다. 그러므로 기록된 내용과 나의 삶을 반추해보는 시간이 절대적으로 필요하다. 삶으로 구현되지 않은 지혜는 생명의 기운이 없는 마른 지혜다. 쓸모가 없는 통찰력이다. 그러므로 새롭게 깨달은 것을 삶으로 실천하는 일이 중요하다.

실천을 통해 지혜롭게 사는 습관을 몸과 마음으로 체득한다.

나는 수행의 지혜를 삶으로 구현하는 일을 지금까지는 글 쓰는 것으로 대신했다. 글을 쓰는 일이 나에게는 수행의 한 방편이다. 글을 쓰다 보면, 나의 부끄러운 과거가 생각난다. 수행하는 심정으로 그때로 돌아가, 과거에 했던 실수들의 근본원인을 하나하나 성찰해본다.

부끄러운 과거를 회피하는 것보다 마주하는 용기가 필요하다.

돌이키고 싶지 않은 과거는 나의 나쁜 습성에서 비롯된 것이다. 내 습성은 내 무의식 속에 깊이 잠재해 있던 것이라서, 처음에는 마주하기 힘들고 괴로울 지 모른다. 하지만 꺾이지 않는 의지를 가지고 마주함을 지속하다보면, 점차 익숙해진다.

나쁜 습성의 뿌리를 뽑아 없애는 것이 근본적인 처방이다.

여기서 중요한 요점은 부끄러운 실수의 원인을 상대방에게 돌리지 않는 태도다. 원만하지 않은 분별심을 가지고 상대방의 허물을 찾으려 하면, 그 허물에 반응하는 나의 습성을 망각하게 된다. 오히려 상대방을 용서하고, 제3자의 눈으로 나를 냉철하게 보는 것이 나의 잘못을 바로 잡을 수 있는 길이다. 이렇게 하면, 마음이 편안해진다.

이 책도 그동안의 수행여정에서 얻은 심득(心得)을 정리한 것이자, 내 인생의 참회록이다.

수행 요점정리

- 인생은 진리로의 긴 여정이다.
- 수행투어는 길 위에서 나를 만나는 여정이다.
- 사회적 역할에서 벗어나, 나를 바라보는 통찰력을 기른다.
- 여행을 통해 몸의 기운과 마음의 안정을 끌어올릴 수 있다.
- 본질은 현상에 투영돼 있다. 나의 본성도 삶 속에 투영돼 있다.
- 수행투어는 새롭게 나를 보고, 지혜를 얻는 데 의미가 있다.
- 현재의 나는 여러 감각의 상호작용 결과로 느끼는 것일 뿐이다.
- 진정한 나를 보지 못하는 이유는 감각에 갇혀있기 때문이다.
- 인식체계의 왜곡으로 삶의 객관적 실체를 파악하기 힘들다.
- 인식 경계의 벽을 깨기 위해서는 객관화하는 연습이 필요하다.
- 일상의 나로부터 거리를 두고 나와 주위를 돌아본다.
- 자신을 객관화하는 훈련을 수행투어에서 해본다.
- 양심의 눈이 밝아지면, 나쁜 습성은 사라진다.
- 객관화는 내 양심의 눈을 밝히는 일이다.
- 그것은 감정과 생각을 제3자의 입장으로 보는 연습이다.
- 인간은 자연의 일부라는 사실을 결코 잊어서는 안 된다.
- 나는 자연의 일부로서 자연의 생명흐름에 동참할 수밖에 없다.
  그러나 나의 삶은 자연과 상당히 분리되어 있다.

- 생태적으로 사는 것도 한계가 있다.
- 주기적으로 자연으로 들어가 자연의 생명력을 회복해야 한다.
- 땅의 기운을 받고 싶으면, 산으로 가는 것이 좋다.
- 정기가 어린 산에 가면, 호연지기를 기르고 정신이 맑아진다.
- 바다도 생명의 기운을 크게 느낄 수 있는 곳이다.
- 수행투어는 심신의 활력을 새롭게 충전할 수 있는 좋은 기회다.
- 몸과 마음을 쉬고 향토음식을 먹으면, 기운이 향상된다.
- 어떤 음식을 먹느냐가 수행의 성패를 좌우할 수도 있다.
- 평소의 식습관에서 벗어나는 기회를 수행투어에서 찾아본다.
- 현지의 제철 향토음식은 영양과 자연의 생명기운을 동시에 준다.
- 전문 수행자가 아닌 사람은 음식을 골고루 먹는 것이 좋다.
- 몸은 우리가 모르는 수많은 영양소와 물질로 구성되어 있다.
- 특정한 음식만으로 영양균형을 이루는 것은 균형이치에 안 맞다.
- 활동량에 맞게 골고루 먹는 것이 영양의 균형에 좋다.
- 해산물이 육류보다는 생명의 기운이 높다.
- 약초와 산나물을 잘 활용하면, 수행하는 데 매우 이롭다.
- 발효음식은 장의 기능에 매우 좋다.
- 발효음식은 신경이 안정적인 기능을 하는 데 큰 역할을 한다.
- 약초와 산나물 발효음식은 독소제거에 특효약이다.
- 수행의 맛을 보기 위해 수행처를 찾아가는 것도 좋다.
- 수행자는 종교의 근본정신에 충실하기 때문에 경계가 없다.
- 수행의 정신이 어려 있는 곳은 모두 수행처라고 할 수 있다.
- 요점은 성인들의 근본정신을 통해 나를 반추해보는 것이다.

- 종교단체에서 운행하는 수행공간을 활용하는 것도 도움이 된다.
- 생명의 기운과 정신을 충전할 때, 수행투어를 계획하면 좋다.
- 수행투어의 목적과 초점이 분명할수록 효과가 높다.
- 핵심은 방문 목적에 맞게 장소, 시간, 사람을 조율하는 데 있다.
- 고요히 성찰하는 데 중점이 있으므로, 일정에 여유를 둔다.
- 무엇보다 수행에 도움이 될 사람을 잘 섭외하는 것이 중요하다.
- 수행투어 전 과정을 수행일지에 기록한다.
- 투어 전체 과정을 마음속으로 그려보고, 자신의 각오를 기록한다.
- 이미지 트레이닝을 충분히 한 후에 떠난다.
- 투어 중에 느끼는 생각이나 감정 등을 자유롭게 메모해둔다.
- 기록이 어려우면, 휴대폰에 간단하게 녹음해두면 편리하다.
- 마음에서 일어나는 상념들을 그대로 적는다.
- 메모한 것들을 조용한 시간이나 잠자리에 들기 전에 정리 한다.
- 수행투어 후에 수행경험들을 최종정리하고 통합한다.
- 나를 중심으로 통섭하되, 가능한 객관적인 입장에서 정리한다.
- 마무리하는 단계에서 자신을 성찰하는 시간을 갖는다.
- 삶으로 구현되지 않은 지혜는 생명의 기운이 없는 마른 지혜다.
- 부끄러운 과거를 회피하는 것보다 마주하는 용기가 필요하다.
- 깊이 잠재해 있던 습성은 처음에는 마주하기 힘들고 괴롭다.
- 꺾이지 않는 의지를 가지고 마주함을 지속하면, 점차 익숙해진다.
- 나쁜 습성의 뿌리를 뽑아 없애는 것이 근본적인 처방이다.
- 부끄러운 실수의 원인을 상대방에게 돌리지 않는 것이 중요하다.

07

———

운명을 바꾸는 바른 길

07

운명을 바꾸는 바른 길

보통은 현상의 나를 자신의 본모습으로 알고 있다. 일단을 이것을 제대로 파악하는 것이 우주적 본성을 회복하는 지름길이다. 자신의 현상적 운명은 자신을 형성하고 있는 정신적, 물질적 모든 인연의 고리가 뭉친 힘이 만든 것이다. 이것이 보통 업(業)이라고 부르는 카르마(Karma)다.

자신의 운명에 만족한다면, 운명의 질긴 고리를 끊을 수 없다.

우리는 카르마를 거부할 수 없지만, 카르마대로만 살아서는 절대 우주의 근원과 하나가 될 수 없다. 여기에 인생의 모순이 존재한다. 이 모순을 조화롭게 극복하는 방법이 성인이 공통적으로 말씀하는 중도(中道)다. 몸과 마음과 삶의 균형회복을 통해, 자신의 운명을 바르게 바꿀 수 있다.

운명대로 사는 사람은 발전이 없고, 운명대로도 못 사는 사람은 짐승과 다를 것이 없다. 오직 운명을 극복하고 발전하는 사람만이 인생을 제대로 사는 것이라 할 수 있다. 수행은 주어진 운명을 극복하는 데 묘미가 있다. 뒤틀린 습성을 통해, 바른 본성을 찾아가는 여정이 수행의 길이다.

생활습관이 운명이다

우주의 대원칙인 인과율의 관점에서 보면, 운명이라고 하는 카르마는 내가 스스로 지은 업(業)이다. 운명의 주체는 바로 나 자신이다. 모든 것은 내가 만든다는 점에서, 운명을 쉽게 말하면 자신의 생활습관이라고 할 수 있다. 나의 현재 습관은 과거의 습성이 축적된 결과물이다. 또한 나의 생활습관 속에 미래의 내 모습이 투영되어 있다.

운명의 굴레에서 벗어나는 통로는 현재에 있다.

그래서 선각자들은 공통적으로 현재에 살라고 했다. 진리가 먼 곳에 있는 것이 아니고, 일상이 진리의 구현이다. 평상심(平常心)이 도(道)인 이치라 하겠다. 따라서 현재를 제대로 살지 않으면, 진리에 이를 수 없다. 그러나 부끄럽게도 나는 도처에 편재해 있는 진리를 인식하지 못하고 있다. 왜 그럴까?

운명이라고 부르는 생활습관이 시야를 가리고 있기 때문이다.

수행을 연구하고 있지만, 머리로 이해할 뿐 몸으로 체득이 안 되기 때문에, 운명이라는 현실의 장막에 가로막히면, 그야 말로 앞이 깜깜하다. 현실은 나를 위해 가만히 기다려주지 않기 때문에, 더욱 위태롭다. 언제 또 오욕의 불구덩이에 빠질지 모르는 상황이다. 수행을 더 이상 지체할 시간이 없다. 하지만 나는 게을러서 본격적인 수행을 내일로, 그 다음날로 계속 연기해왔다. 때를 기다린다는 명분으로 그리 해왔다.

어떤 무거운 것이 나를 꼼짝달싹 못하게 짓누르고 있는 느낌이다. 그것이 내 생활습관이자, 운명의 무게다. 운명의 굴레는 어떤 존재가 내게 부여한 것이 아니다. 내가 만들고 스스로 나를 옭아맨 멍에인데, 왜 내가 제거하기 힘든 것일까? 그 원인을 곰곰이 생각해 볼 일이다.

나의 생활습관은 하루아침에 만들어진 것이 아니다.

나의 생활습관에는 현재의 나뿐만 아니라, 가깝게는 직계가족, 멀게는 인류의 습성이 잠재되어 있다. 유전적으로 나는 태고의 조상까지 연결된다. 내 의식 저 밑바닥에는 수많은 조상들의 습성이 잠복해 있다. 그리고 태어나서 지금까지 만난 수많은 사람들, 그동안 접한 여러 사회환경, 그리고 자라면서 받은 각가지 교육 등등이 내 의식을 지배하고 있다. 그리고 더불어 그동안 다른 사람들과 차별화된 분별의식과 행동이 나의 습관을 벗어나기 힘든 운명으로 고착시켜 왔다.

그뿐만 아니라 짐승의 잔인성과 야만성도 내 습성 속에 내재해 있다. 선한 마음 못지않게 악한 마음이 내 안에 꿈틀대고 있다. 무수한 악의 종자들이 언제든 상황만 맞으면, 세상을 어둡게 뒤덮을 준비를 하고 있다.

오늘의 나를 만든 시간이 길고 과정이 험난한 만큼, 그로부터 벗어나는 일도 오랜 시간이 걸리고 힘들다. 이 사실을 자각하는 것이 중요하다. 나도 이 사실을 몸으로 깨달은 것은 그리 오래되지 않았다. 머리로 이해하면, 바로 몸으로 실천되는 것은 아니었다. 수행을 이해하면, 바로 깨달음을 실천할 수 있을 것 같은 착각이 들었을 뿐이다. 운명이라는 놈이 그리 호락호락하지 않다. 나의 실상을 아는 것이 운명의 구속에서 벗어나는 첫 번째 관문이다.

생활습관 분석

생활습관을 분석한다는 것은 운명을 총체적으로 인식하는 일이다. 나를 운명 짓고 있는 요소들을 부분과 전체에서 동시에 고찰해야, 내 운명을 온전히 이해할 수 있다.

나의 운명은 작게 보면 내 몸과 마음이고, 크게 보면 공동체 속에서 더불어 사는 나의 삶이다. 나의 생활습관을 총체적으로 보기 위해서는, 먼저 몸과 마음의 상태를 하나하나 분석하고 통합해서 본다. 그리고 나아가 앞서 살펴본 천지인 분석법을 활용해서, 나의 삶을 구체적이고 입체적으로 분석한다.

오늘의 나를 있게 한 것은 어제의 나다.

현재 내 생활습관의 원인은 과거의 생활습관에 있다. 이런 식으로 거슬러 올라가면서 삶의 불균형을 분석하면, 최종적으로 본래의 나에게 갈 수 있는 해답을 찾을 수 있다. 현상의 나에서 본질의 나로 가는 연결고리는 바로 현재의 내 생활습관이다.

나의 미래도 또한 현재 생활습관의 결과가 된다.

자신의 미래를 알려고 점을 볼 필요가 없다. 점이나 역술에 의지해 산다면, 자신의 운명을 제한하는 것과 같다. 걸림 없는 대자유를 지향하는 수행의 이치에 맞지 않다. 무엇보다 인과율에 어긋난다. 내 생활습관의 당면한 문제점들을 냉철하게 분석하고, 해결해나가는 것이 현명하다. 자신을 옥죄는 운명에서 탈출하고자 한다면, 시간, 공간, 그리고 사람이라는 3대 프레임의 제약에서 나의 삶이 자유를 얻어야 가능하다.

여러 각도에서 나의 상태를 분석하면, 현재상황이 그려진다.

현재 생활습관을 토대로 나를 찾는 수행에 착수해 보자. 나를 찾는 일이 내 운명을 근원적으로 바꾸는 방법이다. 그러나 나의 본모습을 찾는 일은 멀고도 험난한 일이다. 그 과정에서 내가 미처 생각하지 못한 경계가 수없이 나오겠지만, 두려워할 필요는 없다. 천리길도 한걸음부터라는 말이 있다. 시작이 반이다.

몸의 균형회복

우선 나는 개체로서 몸과 마음을 지니고 살아가는 존재다. 따라서 생활습관 분석은 첫째 몸에서 시작하는 것이 이해하기 쉽다. 몸을 단순히 세포의 구성과 상호작용으로 인식하는 것은 기계적인 분석과 다름없다. 몸은 기계가 아니다.

중요한 것은 생활습관으로 굳어진 몸의 구조와 행동 특성이다.

행동 특성과 신체구조를 면밀히 관찰하면, 인체 불균형의 원인을 찾을 수 있다. 몸의 불균형은 그대로 마음의 불균형을 유발하기 때문에, 심신의 균형을 동시에 이루는 것이 생활습관을 바꾸는 첫걸음이 된다.

앞서 <몸의 균형원리>에서 살펴 본 것처럼, 우선 몸 전체의 균형 여부를 골반을 중심으로 상체와 하체를 나눠서 살펴본다. 그리고 특별히 머리와 목의 상태를 자세히 관찰한다. 대체로 척추는 지그재그로 방식으로 곡선을 이루며, 균형을 유지한다. 만약 골반의 뒤틀림으로 하체의 왼발이 길어졌다면, 상체는 균형을 맞추기 위해 척추의 아랫부분은 오른 쪽으로 휘고, 윗부분은 왼쪽으로 휘게 된다. 불균형은 또 다른 불균형을 야기한다.

인체의 불균형은 선천적으로 타고 났거나 사고가 아니라면, 잘못된 생활습관으로 형성된 것이다. 평소 자신이 어떤 자세로 앉고, 서고, 걷고, 눕는 지 하나하나 분석한다. 예를 들어, 앉을 때 한쪽 다리를 꼬고 앉는 지, 운동을 할 때 주로 한쪽 방향으로 하는 지 등이 모두 중요한 관찰 포인트다.

앉아서 주로 일하거나 학습하는 경우에는 특히 자세가 중요하다. 평소 자세의 균형 여부를 체크리스트를 만들어 점검하는 습관을 들이는 것이 좋다. 예를 들어, 골반균형도, 전신균형도, 다리 길이의 차이, 다리 유형, 앉는 자세, 서 있는 자세, 걷는 자세, 자는 자세, 행동 습관, 척추 만곡도 등으로 세분해서 체크해볼 수 있다.

몸의 불균형의 원인과 균형을 회복하는 자세한 방법은 《인문학으로 풀어 쓴 건강》에서 참고할 수 있다. 나는 수행의 원리와 방법이 건강의 이치라는 것을 깨닫고, 심신균형프로그램을 만들어서 한 대학에서 실제로 진행해본 경험이 있다. 이것은 실제로 해보지 않고는 이해하기 힘들 수도 있다. 당시에 연구원으로 함께 프로그램을 진행한 김호일 원장의 인터넷 사이트 <바른몸 체형교정원>을 방문해서 관련 자료를 보면, 이해가 쉬울 것이다. 균형을 회복하는 방법은 의외로 간단하다.

불균형을 역으로 이용해서, 균형을 회복하는 것이 요점이다.

불균형 여부에 따라, 균형을 회복하는 방법이 달라진다. 예를 들어, 왼쪽 다리 길이가 오른쪽 다리보다 긴 경우에는 평소습관이 주로 왼쪽 다리를 많이 쓰기 때문이다. 예를 들어, 다리를 꼬고 앉을 때 주로 왼쪽 다리를 오른쪽 다리 위에 놓는 습관이 있거나, 동작이나 자세가 주로 왼쪽으로 치우친 결과다. 이 경우에 균형을 회복하기 위해서는 상대적으로 오른쪽 다리를 많이 사용하면 된다. 더불어 상체의 자세와 움직임도 같은 원리로 균형을 회복한다.

행동 방향이 한쪽으로 치우친 것으로 인한 불균형이 주요 원인이라면, 반대 방향으로 전환함으로써 균형을 회복할 수 있다. 그렇다면, 균형이 회복된 이후에는 어떻게 해야 할까? 좌우, 상하 전체의 균형을 동일하게 유지하는 것이 요점이다. 한편 경추의 균형을 위해서는, 자신의 체형에 맞는 베개를 사용하는 것이 중요하다.

마음의 균형회복

몸의 균형을 잡아가는 습관을 들이는 동안 마음에도 균형의식이 생겨난다. 그러나 마음은 몸에 비해 균형을 회복하는 시간과 과정이 힘들다. 앞서 보았듯이, 태초로부터 이어진 생활습관이 무의식 속에 누적되어 있기 때문이다. 이 책에서 점진적으로 언급하고 있는 마음을 조율하는 방법들을 총동원해야 하고, 시간과 공을 들여야, 점차 심리의 균형이 회복된다.

몸의 불균형을 반대로 돌려서 균형을 회복하듯이, 마음의 불균형을 회복하는 방법도 마찬가지다. 우선 현재의 마음상태를 면밀히 분석하고 관찰해보자. 무엇보다 내 마음의 중심이 있는 지를 살펴보는 것이 중요하다. 마음의 중심은 본질적 존재를 확립하고자 하는 자신만의 뜻과 자립정신이다. 바른 뜻으로 중심이 확고하게 서있는 사람은 물질적 현상에 흔들리지 않는다.

마음이 흔들리는 이유는 어떤 것에 애착을 느끼기 때문이다.

물질이든 관념이든, 원하는 것을 얻으면 일시적으로 행복하고, 얻지 못하면 늘 불행하다. 또한 비록 얻었다 할지라도, 언제 잃을까 불안하다. 더욱이 얻고자 하는 것이 다른 사람에게 달려있다면, 불안은 더 커질 수밖에 없다.

남에게 의존해서 원하는 것을 충족시키는 것으로는 영원히 마음의 불안을 해소할 수 없다. 불안의 불씨를 근원적으로 꺼야, 온전한 행복을 누릴 수 있다. 마음의 평정을 얻는 방법은 간단하다.

어떤 감각이 일어날 때마다, 그 원인과 파장을 늘 성찰한다.

대부분의 감각은 현상에 반응하는 나의 습성이다. 시각, 청각, 후각, 미각, 촉각, 그리고 생각이라는 6감각은 본래의 나와는 관계가 없다. 그 감각들은 오랫동안 왜곡된 생활습관으로 내 본성에서 멀어져 있는 일종의 환각이다. 더욱이 현상은 다른 현상과 복잡하게 얽혀서 계속 변하기 때문에, 나의 감각반응으로 느끼는 것은 실체와는 상당히 다르게 왜곡된 모습이 된다. 감각의 뿌리가 허상이므로, 감각에 투영된 모습도 실체가 없다.

현대인이 겪는 스트레스는 대표적인 감각반응이다.

본래의 나와 관계없는 것에 대해 좋아하거나 싫어하는 마음이 일으킨 허상의 반응이다. 실체가 없는 반응을 실체가 있는 것으로 착각해서 우울증, 공항장애 등과 같은 정신질환을 스스로 키우고 있다. 스트레스가 심하면, 암을 유발할 수도 있다. 실체가 없던 감각반응이 파장을 증폭하며, 실체가 생기는 것이다.

감각반응은 실체가 없는 허상이라는 사실을 깨닫는 것이 중요한 포인트다. 이것을 철저히 체득하면, 현상에 휩쓸리지 않고, 현상과 본질 사이에서 균형을 잡을 수 있다.

성공과 실패 사이에서, 일희일비할 필요가 없다. 좋은 것이든 나쁜 것이든, 잠시 지나가는 현상에 불과하다. 중요한 것은 좋든 나쁘든 상관하지 않는 내 마음이다. 영원한 본질을 지향하는 확고한 정신력이 있다면, 내 마음은 평정심을 이루게 된다.

삶의 균형회복

몸과 마음이 중심을 잡아도, 삶은 균형을 잡기 힘들다. 몸과 마음은 어느 정도 정체된 나만의 시간과 공간 속에서 균형을 잡을 수 있다. 그러나 나의 삶은 요동치는 사회의 시류 속에 있기 때문에, 균형의 중심을 유지하기란 쉬운 일이 아니다. 특히 우리가 사는 사회는 문명의 흐름이 크게 전환하는 시대에 있기 때문에, 우리뿐만 아니라 전 세계 사람들이 변화의 몸부림을 겪고 있다. 어느 때보다 삶의 중심을 잡을 지표가 필요한 시점이다.

삶의 중심지표는 인생철학으로 파악할 수 있다.

고대의 영웅과 현인들은 바른 인생철학이 있었기 때문에, 여러 곳을 떠돌아다녀도, 반대로 한 곳에 오래 머물러 살아도, 흔들림 없이 삶의 중심을 잡고 살았다. 그러나 현대를 사는 우리는 첨단물질문명의 혜택을 누리고 있지만, 삶이 안정되어 있지 않다. 바른 인생철학이 없기 때문에, 우리의 삶은 언제 붕괴될지 모르는 사상누각과 같은 상태에 있다.

인생철학은 삶의 도리에 대한 바른 성찰에서 얻을 수 있다.

무엇이 바른 도리인가는 성인(聖人)의 삶과 말씀을 기준으로 삼는 것이 안전하다. 진리적 차원의 도리에 대해서는 <간헐적 지혜수행>편에서 자세히 다루고 있다. 여기서는 현상적 차원에서 얘기해보겠다.

　삶의 중심을 잡는 인생철학이 미약하다면, 일단 단기간에 이룰 수 있는 현실성 있는 작은 목표를 세운다. 요점은 자신의 능력, 성향, 그리고 자질에 맞는 목표를 세우는 것이다. 처음에는 짧게 일주일이나, 한 달 정도에 이룰 수 있는 일을 목표로 삼는다. 점차 기간을 늘리고, 목표도 크게 잡아 실행한다.

　이렇게 하다 보면, 자신의 삶이 지향하는 바를 조금씩 알게 되고, 인생목표도 세울 수 있다. 인생목표가 생기면, 그에 맞는 자신의 정체성이 확립된다. 인생목표가 강하고 뚜렷할수록, 정체성도 분명하고 추진력도 생기게 된다.

　인생목표와 정체성은 자신의 직업과 일상생활로 구현된다.

　직업과 삶이 자신의 개성, 능력 등과 조화를 이루느냐가 성공적인 삶의 기본 요건이다. 그리고 직업과 삶을 통해, 자신의 덕성이 얼마나 함양되었느냐가 가장 중요한 요건이다. 덕성의 함양은 진리를 추구하는 삶에 달려 있다. 우리는 직업이라는 현상의 수단을 통해, 본질의 진리에 이르는 과정에 있다.

　인생의 진정한 의미는 진리를 추구하고 구현하는 데 있다.

　따라서 운명의 개선은 진리와 삶이 서로 조화를 이루는 과정이라고 할 수 있다. 단순히 물질적 현상 차원에서, 운명을 개선하는 것은 삶의 의미가 없는 허무한 일이다. 멀리 인류사회의 역사를 돌아보지 않아도, 우리사회에서도 물질과 권세의 허망함을 잘 볼 수 있다.

진리의 몸으로 점점 전환하는 과정이 진정으로 운명을 바꾸는 길이다. 개성을 발휘할 수 있는 직업이 있고, 함께 하는 사람들이 있는 한, 결코 고단하거나 외롭지 않게, 그 길을 더불어 갈 수 있을 것이다.

현상의 나에서 본질의 나로 정체성의 확장

나는 본질적 차원과 현상적 차원에서 다르다. 그러나 진리가 하나이듯이, 사람의 우주적 본성은 하나다. 모든 것이 동일한 근원에서 나왔기 때문이다. 그래서 예수는 "하늘에 계신 아버지께서 완전하신 것같이 너희도 완전한 사람이 되어라."<마태복음5:48>고 우리에게 말씀했다. 이 점에서, 석가의 말씀도 일치한다. 석가는 누구나 위없는 완전한 깨달음을 통해 어리석은 중생도 부처가 될 수 있다고 설파했다.

본질은 온전한 하나이지만, 현상은 무궁무진하게 차별화 되어있다. 마찬가지로 개인의 현상적 개성은 너무 다양하다. 앞서 자신의 정체성을 파악하는 방법을 얘기했다면, 여기서는 정체성의 확장에 대해 생각해보겠다.

나의 정체성과 의식은 하나로 고정되어 있지 않다.

정체성은 직업과 사회적 역할로 드러난다. 삶이 시류에 따라 변하듯이, 직업과 사회적 역할도 사회의 변화에 맞게 바뀔 수밖에 없다. 그런데 문제는 개인마다 삶의 방향이 다르다는 점이다. 비록 물리적으로 현재 같은 위치에 있다 해도, 삶의 궤적은 모두 다르다. 사실상 우리는 각자 다른 세상을 살고 있다. 서로의 관념과 의식이 천차만별이므로, 각자 느끼는 세상이 모두 다르기 때문이다.

따라서 본심(本心)의 고향을 찾아가기 위해서는 각자 다른 길을 택할 수밖에 없다. 현생에서 그 길이 바로 자신의 정체성을 찾는 길이기도 하다. 자신의 현재모습을 통해, 본모습을 회복해가는 것이다. 그러나 여기에는 성찰해야 할 한 가지 문제가 있다.

우리가 현재 진리의 고향에서 너무 멀리 떨어져 있다는 점이다.

현재의 모습을 거슬러 올라가 본모습으로 돌아가는 여정이 너무 멀고 험난하기 때문에, 우리는 한 계단 한 계단 의식상승을 통해 본심을 회복해야 한다. 이것은 마치 높고 험한 산을 오르는 것에 비유할 수 있다. 예를 들어, 히말라야 산을 단 한 번에 정상까지 오를 수 있는 사람은 없다. 각자 출발하는 위치에 맞게 준비를 하고, 단계 별로 올라갈 수밖에 없다. 중간에 여러 베이스캠프를 두고 정상을 도전하는 것이 안전하다.

이 베이스캠프가 바로 자신이 구현할 현생의 정체성이라고 할 수 있다. 수많은 생을 통해, 우리는 자신의 정체성을 레벨업해서 마침 내 정상에 이를 수 있다. 각자 현재의 의식수준이 다르기 때문에, 성취 속도와 수준도 다를 수밖에 없다.

직업에 귀천은 없다. 그러나 인식에 귀천은 있다.

현상의 세계에서는 직업과 역할에 따라 높고 낮은 지위가 있다. 그러나 진리의 세계에서는 위없이 평등하다. 수행의 입장에서는 직업과 역할이 진리로 가는 수단이란 점에서 평등하다. 오히려 사회적 지위가 높은 직업일수록, 수행하는 데 제약이 따를 수 있다. 높은 지위와 역할이 자유로운 수행활동을 제한할 수 있기 때문이다.

지위의 그릇보다는 마음의 그릇을 키우는 것이 운명을 바르게 바꾸는 길이다. 사회적 지위는 언제 사라질지 모르지만. 마음의 그릇은 영원히 사라지지 않기 때문이다. 물질과 정신의 조화를 통해 인식의 대전환을 이루어야겠다.

대자유로 가는 인식의 대전환

내 몸과 마음이 만드는 것이 내 삶이다. 몸과 마음의 균형은 어느 정도 내 의지대로 유지할 수 있다. 그러나 내 삶은 내 맘대로 되지 않는다. 그것은 나의 운명 속에 수많은 사람들의 인과가 결부되어 있기 때문이다. 작게는 가족, 크게는 우리사회가 운명 공동체로 묶여있다. 전 세계가 하나로 빠르게 연결되는 세상에서는 전체 인류사회가 하나의 운명 공동체라고 할 수 있다.

내 삶은 우리의 삶이기도 하다.

내 불행에는 나의 잘못뿐만 아니라, 우리사회의 과오도 함께 녹아들어 있다. 결자해지(結者解之)란 말이 있듯이, 우선 내가 지은 잘못은 내가 해결해야 한다. 운명을 바꾸는 적극적인 방법은 운명을 마주해서 극복하는 것이다.

나는 의식하면서 혹은 의식하지 못하면서 많은 잘못을 저질렀다. 아마도 인식하지 못하는 잘못이 더 많을 것이다. 인식하지 못하므로, 잘못을 수없이 반복하기 때문이다. 인연과 인과로 세상은 엮여있다. 따라서 내 운명을 바꾸기 위해서, 무엇보다 먼저 내가 해야 할 일은 지난 잘못에 대한 참회다.

과오를 참회하지 않고, 행복을 갈구하는 것은 이치에 맞지 않다.

나는 2007년 재직하던 대학에서 나와서 새로운 삶을 시도했다. 하지만 내가 의도한 대로 일이 잘 되지 않았다. 극한 상황에 직면해서야, 나는 내 자신을 돌아보게 되었다. 그러면서 내 소중한 삶을 쓸데없는 데 허송세월했다는 사실을 깨달았다. 지난날을 참회하지 않고서는 인생전환은 불가능하다는 느낌이 들었다. 그래서 2008년부터 전국의 명승고적과 수행처를 찾아다니며, 나의 잘못을 참회했다.

그러던 중 2010년에 대상그룹 임창욱 회장님을 만났다. 임회장님과의 인연 덕분에, 나는 수행을 연구할 수 있는 기회를 얻었다. 반야연구소의 소장으로 수행을 연구하면서, 내 삶이 잘못된 원인과 그 해결 방법을 알게 되었다. 성인(聖人)의 말씀 속에서 찾은, 불행의 근원뿌리를 뽑고 대자유의 나를 찾는 방법을, 인간교육프로그램으로 만들고 싶었다.

2012년 나는 그 계획을 실현하기 위해 사회로 다시 나왔다. 그러나 내 바람이 바로 이루어지지는 않았다. 내가 지은 업의 뿌리가 깊고 질긴 만큼, 두터운 업을 해결하는 시간도 오래 걸렸다. 그 과정에서 시련도 만만치 않았다. 아직 더 참회해야 했고, 사회에서 내 죄를 용서받는 과정이 필요했다. 그 과정으로 내가 할 수 있는 일은 책을 쓰는 일이었다. 비록 소극적이지만, 책은 나의 반성문이자, 사회에 대한 최소한의 봉사였다.

처음에는 내가 전공한 에머슨에 관한 책을 썼다. 에머슨은 19세기에 동서양의 종교와 철학을 한데 융합해서 미국의 젊은이들에게 새로운 통합사상을 제시하고, 모든 인류가 함께 할 수 있는 길을 안내한 인물이다. 모든 성인의 말씀을 통섭해서 보편진리를 끌어내고, 그것을 인간교육으로 전환하려는 내 계획에 에머슨의 철학은 좋은 모델이 되었다.

10여 년간 소극적인 참회로 10여 권의 책을 썼다면, 이제는 적극적인 방법으로 수행을 시작하고자 한다. 다행히 때가 되었다. 우리 사회뿐만 아니라 전 세계가 극도의 혼란기에 접어들었다. 이 위기를 기회로 유도하는 길은 인식의 대전환에 있다. 인식의 대전환은 진정한 나를 찾는 수행을 통해서 가능하다. 수행의 시대가 온 것이다.

　참된 나를 찾기 위해서는 불행을 남에게 전가하지 말아야 한다.

　모든 불행의 원인은 남이 아닌 나에게 있다고 책임인식을 전환해야, 행복한 길을 찾을 수 있다. 사회의 불행도 마찬가지다. 그 원인도 결국 우리에게 있다. 나와 우리의 대각성이 필요한 시점이다.

　우리는 동서통합의 길목에 서 있다.

　동서통합은 단순히 정치적, 경제적 통합이 아니라, 정신문명과 물질문명의 통합이다. 통합을 이룰 지, 분열과 몰락을 겪을 지는 우리에게 달려있다. 성인들이 꿈꾸던 이화세계(理化世界)이자 대동세계(大同世界)를 구현하고자 한다면, 물질문명과 정신문명의 조화를 이루어야 가능하다. 모두가 꿈꾸는 이상향은 일상 속의 수행을 통해 도리와 순리에 따르는 삶을 추구해야 실현할 수 있다. 눈앞의 물질적 이권에 매몰되어 조화와 균형의 정신을 잃는다면, 갈등과 반목으로 우리사회가 붕괴될 것이다.

　우리가 도리와 순리를 따르면, 어떤 행동을 하든지 간에 서로 충돌이 없게 된다. 공자가 말씀한 "마음 가는 대로 해도, 법도에 어긋나지 않는다."«논어»는 경지에 이르는 것이다. 우리의 삶이 진리의 상태에 이르면, 대자유를 누릴 수 있다. 이 상태에 이르는 것이 진정한 성공이자, 온전한 행복의 길이다. 자신의 정체성이 진리와 하나가 되는 길이 운명의 대전환을 이루는 통로다.

수행 요점정리

- 현상적 운명은 자신을 형성하고 있는 정신적, 물질적 모든 인연 고리가 뭉친 힘, 즉 카르마다.
- 자신의 운명에 만족한다면, 운명의 질긴 고리를 끊을 수 없다.
- 운명을 극복하고 발전하는 사람만이 인생을 제대로 살 수 있다.
- 수행은 주어진 운명을 극복하는 데 묘미가 있다.
- 뒤틀린 습성을 통해 바른 본성을 찾아가는 여정이 수행길이다.
- 운명을 쉽게 말하면 자신의 생활습관이다.
- 운명의 굴레에서 벗어나는 통로는 현재에 있다.
- 운명이라는 생활습관이 시야를 가리고 있다.
- 생활습관은 하루아침에 만들어진 것이 아니다.
- 내 생활습관에는 나와 직계가족, 인류의 습성이 잠재되어 있다.
- 짐승의 잔인성과 야만성도 내 습성 속에 내재해 있다.
- 나를 만든 과정이 길고 험난한 만큼, 벗어나는 일도 길고 힘들다.
- 내 실상을 아는 것이 운명의 구속에서 벗어나는 첫째 관문이다.
- 생활습관 분석은 운명을 총체적으로 인식하는 일이다.
- 나의 운명은 나의 몸과 마음 그리고 삶이다.
- 오늘의 나를 있게 한 것은 어제의 나다.

- 나의 미래도 또한 현재 생활습관의 결과다.
- 여러 각도에서 나의 상태를 분석하면, 현재상황이 그려진다.
- 현재 생활습관을 토대로 나를 찾는 수행에 착수해 보자.
- 나를 찾는 일이 내 운명을 근원적으로 바꾸는 방법이다.
- 생활습관 분석은 첫째 몸에서 시작하는 것이 이해하기 쉽다.
- 중요한 것은 생활습관으로 굳어진 몸의 구조와 행동 특성이다.
- 몸의 불균형은 그대로 마음의 불균형을 유발하기 때문에, 심신의 균형을 동시에 이루는 것이 생활습관을 바꾸는 첫걸음이 된다.
- 인체의 불균형은 대부분 잘못된 생활습관으로 형성된다.
- 평소 어떤 자세로 앉고, 서고, 걷고, 눕는 지 분석한다.
- 앉아서 주로 일하거나 학습하는 경우에는 특히 자세가 중요하다.
- 평소 자세의 균형 여부를 체크리스트를 만들어 점검한다.
- 불균형을 역으로 이용해서 균형을 회복하는 것이 요점이다.
- 불균형 여부에 따라, 균형을 회복하는 방법이 달라진다.
- 좌우, 상하 전체의 균형을 유지하는 것이 중요하다.
- 몸의 균형을 잡아가는 습관을 들이는 동안 균형의식이 생겨난다.
- 마음은 몸에 비해 균형을 회복하는 시간과 과정이 힘들다.
- 생활습관이 무의식 속에 누적되어 있기 때문이다.
- 몸의 불균형을 반대로 돌려서 균형을 회복하듯이, 마음의 불균형을 회복하는 방법도 마찬가지다.
- 무엇보다 내 마음의 중심이 있는 지를 살펴보는 것이 중요하다.
- 마음의 중심은 자신의 뜻과 자립정신이다.
- 마음이 흔들리는 이유는 어떤 것에 애착을 느끼기 때문이다.

- 남에게 의존해서는 영원히 마음의 불안을 해소할 수 없다.
- 어떤 감각이 일어날 때마다, 원인과 파장을 늘 성찰한다.
- 대부분의 감각은 현상에 반응하는 나의 습성이다.
- 감각반응으로 느끼는 것은 실체에서 왜곡된 모습이다.
- 감각의 뿌리가 허상이므로 감각에 투영된 모습도 실체가 없다.
- 현대인이 겪는 스트레스는 대표적인 감각반응이다.
- 실체가 없던 감각반응이 파장을 증폭하면 실체가 생기게 된다.
- 감각반응은 허상이라는 사실을 깨닫는 것이 중요하다.
- 몸과 마음이 중심을 잡아도, 삶은 균형을 잡기 힘들다.
- 요동치는 삶속에서 균형의 중심을 유지하기란 쉽지 않다.
- 삶의 중심지표는 인생철학으로 파악할 수 있다.
- 바른 인생철학이 없는 삶은 언제 붕괴될지 모르는 사상누각이다.
- 인생철학은 삶의 도리에 대한 바른 성찰에서 얻을 수 있다.
- 성인의 삶과 말씀을 바른 도리의 기준으로 삼는 것이 안전하다.
- 인생목표와 정체성은 자신의 직업과 일상생활로 구현된다.
- 직업과 삶을 통한 덕성의 함양이 가장 중요하다.
- 인생의 진정한 의미는 진리를 추구하고 구현하는 데 있다.
- 진리의 몸으로 전환하는 과정이 진정으로 운명을 바꾸는 길이다.
- 나는 본질적 차원과 현상적 차원에서 다르다.
- 나의 정체성과 의식은 하나로 고정되어 있지 않다.
- 관념과 의식이 천차만별이므로, 각자 느끼는 세상이 모두 다르다.
- 본심을 찾아가기 위해서는 각자 다른 길을 택할 수밖에 없다.
- 현생에서 그 길이 바로 자신의 정체성을 찾는 길이기도 하다.

- 우리는 현재 진리의 고향에서 너무 멀리 떨어져 있다.
- 현재의 모습에서 본모습으로 돌아가는 여정이 너무 멀고 험난하기 때문에, 단계별로 의식상승을 통해 본심을 회복해야 한다.
- 이것은 마치 높고 험한 산을 오르는 것에 비유할 수 있다.
- 중간에 여러 베이스캠프를 두고 정상을 도전하는 것이 안전하다.
- 이 베이스캠프가 바로 자신이 구현할 현생의 정체성이다.
- 자신의 정체성을 레벨업해서 마침내 정상에 이를 수 있다.
- 직업에 귀천은 없다. 그러나 인식에 귀천은 있다.
- 진리의 세계에서는 위없이 평등하다.
- 직업과 역할이 진리로 가는 수단이란 점에서 평등하다.
- 지위보다는 마음의 그릇을 키우는 것이 운명을 바꾸는 길이다.
- 내 삶은 우리의 삶이기도 하다.
- 내 불행에는 내 잘못뿐만 아니라 우리사회의 과오도 함께 있다.
- 운명을 바꾸기 위해서 먼저 할 일은 지난 잘못에 대한 참회다.
- 인연과 인과로 세상은 엮여있다.
- 과오를 참회하지 않고, 행복을 갈구하는 것은 이치에 맞지 않다.
- 우리사회뿐만 아니라 전 세계가 극도의 혼란기에 접어들었다.
- 이 위기를 기회로 유도하는 길은 인식의 대전환에 있다.
- 인식의 대전환은 진정한 나를 찾는 수행을 통해서 가능하다.
- 참된 나를 찾기 위해서는 불행을 남에게 전가하지 말아야 한다.
- 사회가 불행한 원인은 우리에게 있다.
- 우리의 대각성이 필요한 시점이다.
- 모두의 이상향은 도리와 순리를 추구해야 실현할 수 있다.

- 조화와 균형의 정신을 잃으면, 우리사회가 붕괴된다.
- 우리의 삶이 진리의 상태에 이르면, 대자유를 누릴 수 있다.
- 이 상태에 이르는 것이 진정한 성공이자, 온전한 행복의 길이다.
- 정체성이 진리와 하나 되는 길이 운명 대전환을 이루는 통로다.

08

———

간헐적 집중수행

08

간헐적 집중수행

전문 수행자가 아닌 이상 매일 수행에 전념하는 시간을 가질 수는 없다. 일반 수행자는 간헐적인 집중수행으로 수행하는 힘을 높일 수 있다. 학습이나 운동도 수준을 높이기 위해서는 집중적인 연습이 필요하듯이, 수행도 일상의 수행 단계를 끌어올리기 위해서는 보다 전문적인 집중수행이 필요하다.

일상의 삶수행에서 해결하기 어려운 난제들이 생기기 마련이다. 집중수행 기간 동안에 특별한 목표를 정해두고 집중 점검하고, 어려움을 해결하는 힘과 통찰력을 기른다면, 보다 조화롭게 일상을 살 수 있을 것이다.

올바른 삶뿐만 아니라 건강, 학습, 업무 등의 능률향상을 위해서도, 간헐적인 집중수행을 통해 잠재 능력과 그릇을 키우는 특별과정은 필요하다. 특정한 수행법을 집중적으로 연습해보는 과정을 간헐적으로 가져보면, 그만큼 자신과 세상을 보는 시야가 깊고 넓어질 것이다.

집중수행의 필요성

쳇바퀴처럼 돌아가는 일상 속에서, 중심을 잃지 않고 계속 살아가기는 힘들다. 몸과 마음 그리고 삶의 균형이 무너지는 순간들이 있기 마련이다. 이런 순간들이 누적되면, 어느 순간 전체 생명의 균형이 붕괴되는 조짐이 나타나기 시작한다. 경고의 신호를 알아채지 못하면, 일순간에 불행이 밀려온다.

수행의 감각을 기른 사람은 불행의 전조를 느낄 수 있다.

뭔가 삶의 전환이 필요할 때, 간헐적인 집중수행을 통해 다시 균형을 회복하고, 보다 강인한 체력과 정신력을 길러야 한다. 위기를 기회로 전환하는 힘과 지혜를 집중수행을 통해 기른다면, 삶의 모순과 미로 속에서 불행을 예방하고 길을 잃지 않을 수 있다.

나는 간헐적 집중수행을 여러 번 해봤다. 인생의 큰 위기가 있을 때마다, 나는 집중적인 수행을 통해 위기를 극복했다. 내게는 세 번의 큰 위기가 있었다. 한 번은 고등학교 시절에 정신적 방황으로 인생이 막막하던 때. 그때 나는 공부보다는 인생을 사는 본질적 의미를 찾아다녔다.

그러던 중에 나는 인천의 한 선원에서 여름 한철 동안 일반인도 참여할 수 있는 화두참선 프로그램에 동참하게 되었다. 나는 "이 뭐꼬?"라는 화두를 들고 내 마음을 탐구했다. 비록 내 본마음을 찾을 수는 없었지만, 이리저리 날뛰고 방황하던 마음이 점차 가라앉으면서, 심신의 안정을 찾을 수 있었다. 아마도 이때의 경험이 내가 평생 동안 수행과 인연을 맺게 된 중요한 계기가 된 것 같다.

두 번째 위기는 내가 재직하던 대학을 나올 무렵에 있었다. 당시 40대 초반의 혈기왕성한 나이에 큰 뜻을 품고 사회에 나왔지만, 세상은 녹록치 않았다. 그때도 집중수행을 통해 새로운 길을 찾았다. 임회장님을 만난 이후로, 나는 전문 수행자의 길에 들어서게 되었다고 할 수 있다. 인생의 전환기에 나는 짧게는 3일에서 7일, 길게는 21일에서 100일 동안 집중수행을 했다.

마지막 세 번째 위기는 수행법을 편안히 연구할 수 있었던 대기업의 문화재단을 나왔을 때였다. 수행의 원리와 방법을 인간교육프로그램으로 구현하고 싶은 꿈을 가지고 세상에 나왔지만, 험난한 세상에서 그 일은 쉽지 않았다. 무엇보다 경제적인 위기가 컸다. 다행히 가족들의 이해와 도움으로 이 위기를 견뎌냈다. 이 시기에 가족들의 소중함을 절실히 느꼈다.

그때 내가 할 수 있었던 일은 수행과 연관된 책을 쓰는 일이었다.

2013년에 《인문학으로 풀어 쓴 건강》, 2014년에 《자연》과 《에머슨, 조화와 균형의 삶》, 그리고 2015년에는 《에머슨 인생학》, 《밥》, 《나는 좋은 부모인가》, 그리고 《삶의 만족은 어디에서 오는가》를 출간했다. 인생에서 가장 힘든 시기에 총 7권의 책을 썼다. 이 중에서 《에머슨 인생학》은 에머슨을 앞에 내세워 쓴 내 삶의 반성문이라고 할 수 있다.

은행나무출판사에서 낸 《자연》은 에머슨의 산문을 선별해서 번역한 것이다. 출판기획 단계에서부터 출판사의 배려와 혜택이 커서, 경제적으로 많은 도움을 받았다. 그런 성의를 보인 결과인지, 이 책은 BTS의 RM이 읽은 덕에 한때 베스트셀러 반열에 들었고, 지금도 꾸준히 나가는 스테디셀러다.

한 권의 책을 쓰는 데 짧게는 3개월, 길게는 5개월 정도 걸렸다. 책을 쓰는 동안이 내게는 간접적으로 집중수행을 하는 기간이었다. 도(道)를 닦는 심정으로, 나를 성찰하며 책을 썼다. 경제적 어려움이 나로 하여금 반성문을 많이 쓰게 한 셈이다. 지금까지 10여권의 책을 썼으니, 그만큼의 간헐적 집중수행을 한 셈이다. 인생의 높은 파고와 격랑 속에서, 내가 살아남은 것은 간헐적이지만 집중수행을 통해 얻은 힘과 통찰력 덕분이다.

누구나 인생의 시련기나 전환기는 있기 마련이다.

그때 절망하지 않고 다시 일어서기 위해서는 몸과 마음 그리고 삶을 집중적으로 돌아보고, 새로운 활기를 충전하는 일정 기간이 간헐적으로나마 필요하다. 한편 인생의 파고가 잔잔한 사람은 불행을 대비하는 힘이 부족할 수 있다. 그런 경우에 언제 닥칠 지도 모를 불행을 방비하기 위해서는, 주기적인 집중수행과정이 더욱 더 필요하다.

심화 수행원리

앞부분에서 우리는 일상 속에서 할 수 있는 기초적인 수행에 관해 알아보았다. 이제는 보다 심화된 전문 수행법에 관해 알아보겠다. 지엽적인 것보다는 핵심적인 원리와 방법을 얘기하는 것이 좋겠다. 앞서 수행의 기본은 심신을 안정시킨 후에 지관(止觀)의 원리와 방법을 통해 나의 몸과 마음과 더불어 삶의 변화를 관찰하는 것이라고 했다.

마음이 고요히 가라앉아야, 생명현상의 인과를 볼 수 있다.

그러나 변화의 흐름을 멈추고 그 실상을 보고 싶지만, 생명의 작용을 멈출 수는 없다. 특히 변화를 지각해야 하는 내 마음은 한 순간도 쉬지 않고 요동친다. 마음이 고요하지 않기 때문에, 내 중심이 흔들리면서 변화의 흐름에 휩쓸리고 만다. 그 상태에서는 변화 자체도 인식하기 힘들다. 쉬지 않는 마음을 멈추고, 변화흐름을 성찰할 수 있게 하는 뭔가 강력한 방법이 필요하다.

마음집중은 마음을 붙들어 매는 방법을 통해 한다.

선각자들이 제시한 방법은 기도, 화두(話頭), 호흡, 염송(念誦) 등을 통해 요동치는 마음을 꽉 붙드는 것이다. 여기에 성인에 대한 믿음이 강할수록, 그 효과는 크다. 믿음이 도(道)의 근원이라는 이치가 여기에 있다. 헛된 믿음이 아니라, 진리에 이르게 하는 말씀과 그 도리에 대한 믿음이다.

마음을 집중대상에 붙들어 맨 다음에는, 성인의 말씀에 비추어 마음을 관찰한다. 우리 마음속에는 사납게 흐르는 의식 저편에 제3의 눈이 있다. 주관적인 마음이 배제된 객관적인 시각이다. 이 심안(心眼)을 느껴야 한다. 성인이 말씀하신 깨달음의 도리를 기준으로 삼아, 마음의 눈으로 자신을 반추하는 연습을 집중적으로 한다. 성인이 말씀한 수행의 도리와 지혜의 핵심은 <지혜수행> 편에서 다루고 있다.

어떤 방법으로 집중수행을 하던지 간에, 몇 가지 주의할 사항들이 있다. 첫째는 자세, 둘째는 번뇌와 망상, 셋째는 심리와 생리의 팽창과 수축, 넷째는 마장(魔障)을 이기는 정신력, 그리고 최후에는 집중대상에 대한 집착마저 끊는 일이다.

첫째, 자세는 앞서 바닥에 앉는 방법과 의자에 앉는 방법을 말했다. 여기에 더해, 서서 하는 방법도 있다. 어떤 자세이던 중요한 것은 몸의 중심을 확고하게 잡는 일이다. 수행이 어느 단계에 이르면,

심신이 크게 요동치는 때가 있다. 기(氣)가 크게 발동하기 때문이다. 이때 자세의 균형이 단단히 유지되지 않으면, 마음의 고요함을 지킬 수 없고, 더 높은 단계로 올라갈 수 없다. 요가수행자들이 결가부좌를 하는 이유가 여기에 있다. 그 자세가 기의 지나친 발동을 통제할 수 있는 가장 안정된 자세이기 때문이다.

둘째, 번뇌와 망상은 수행의 가장 까다로운 상대다. 아무리 마음을 집중하고 살펴도, 번뇌와 망상은 찾아오기 마련이다. 부르지도 않은 손님과 같은 번뇌와 망상을 어떻게 맞이할 것인가가 관건이다. 요점은 마음의 불청객을 무시하는 것이다. 번뇌와 망상을 상대하면 할수록, 더 큰 번뇌와 망상이 생긴다. 따라서 상대하지 않고 오거나 가거나, 그저 신경 쓰지 않고 내버려두면, 저절로 사라진다.

셋째, 심리와 생리의 팽창과 수축은 모든 물리적 현상의 기본 원리다. 본래의 본성에 이르지 않은 심신은 물리적 관계를 가지고 변화할 수밖에 없다. 물질이 상대하는 대상이 있듯이, 정신도 상대하는 대상과 관계를 맺고 있다. 이를테면, 싫어하는 마음 반대편에 좋아하는 마음이 있다. 심리와 생리의 작용에는, 팽창력에 상대하는 수축력이 있다.

물리적 현상은 원심력과 구심력이 똑같이 작용한다.

심리와 생리가 집중되는 시간과 정도에 비례해서 이완하는 시간과 정도가 정해진다. 수축하는 음기(陰氣)와 팽창하는 양기(陽氣)가 일정하게 반복하면서, 상승과 하강도 끝없이 반복된다. 이 지루한 물리적 과정을 수행의 과정도 거쳐야 한다.

의식이 상승하는 단계에 이르면, 마장이 찾아온다.

넷째, 수행에 방해가 되는 뜻밖의 장애는 의식 속에서 찾아올 수도 있고, 현실에서 찾아올 수도 있다. 이때는 번뇌와 망상을 대하는 것처럼 무시하는 것이 답이다. 좀 힘이 들 때면, 일시적으로 수행을 쉬는 것도 좋다. 보다 적극적으로 마장을 피하지 않고, 직접 상대해서 꺾이지 않는 정신력을 기를 수 있으면, 최상이다. 이 위기를 이겨내면, 새로운 차원으로 의식이 상승한다.

수행의 최후 관문은 집중대상에 대한 집착마저 끊는 일이다.

자신의 본성을 보는 최종단계에 이르면, 집중대상으로 삼은 것도 버려야 한다. 집중대상은 진리의 세계에 들어가기 위한 수단이다. 따라서 진리에 이르면, 어떤 수단도 필요 없게 된다. 이 수단을 끝까지 놓지 못하면, 그 자체가 마장이 된다. 종교적 신앙을 집중대상으로 삼을 때 가장 문제가 된다. 그 대상을 버리기 힘들기 때문이다. 종교적 신앙 대상도 최후에는 내려놓아야, 관념과 표현으로 형용할 수 없는 절대 진리와 하나가 된다. 이것은 극히 중요한 수행 요점이다.

바른 기도

기도는 모든 종교에서 공통적으로 행하고 있는 의식이다. 종교가 없는 사람도 기도는 한다. 하지만 바르게 기도하는 사람은 드문 것 같다. 기도는 자신이 원하는 무엇을 갈구하는 것이 아니다.

기도는 자신이 도리에 맞는 삶을 사는 지 성찰하는 일이다.

기독교의 전신이라고 할 수 있는 유대교에서도 기도는 자신을 판단한다는 의미를 지닌 히브리어 테필라(tefilah)에서 유래한 말이다. 자신의 삶이 하늘의 뜻에 위배되지 않는 지 성경의 말씀에 비추어 판단하는 것이 기도다. 그래서 ≪탈무드≫에서는 스스로 할 수 있는 일을 기도로 구하는 것을 금했다.

만약 기도를 통해 무엇이든지 구하는 대로 얻을 수 있다면, 세상은 무간지옥이 되었을 것이다. 누구나 얻고자 하는 물질, 지위, 권세 등은 정해져 있는데, 자기 욕심을 채우기 위한 기도로 세상은 끝없이 시끄럽고 고통스러울 테니 말이다. 우주의 근본법칙은 인과율이다. 뿌리는 대로 거두는 법칙이다. 예수는 이 인과율을 하늘의 뜻이라 했고, 석가는 불법이라 표현했을 뿐이다. 우주의 근본원칙을 어기는 신이 있다면, 그는 악마일 것이다.

바른 기도는 인과율을 위배하지 않는다.

자신의 힘으로 어찌 할 수 없는 상대방의 건강을 빈다거나, 나라의 평화를 빈다거나 하는 일은 좋은 기도다. 예전에 우리 조상들이 정화수를 올리고, 천지신명께 정성을 다해 가족의 안위를 빈 것도 하늘의 인과율을 거스르지 않는다. 인과율에 합당한 기도는 마음속에서 너무도 자연스럽게 우러나오는 기도라 할 수 있다. 자신의 기도가 인과율을 위배하지 않는 지 성찰해보자. 나는 진리의 세계에 있는 모든 깨달음의 존재들께서 나를 바른 길로 인도하길 기도한다.

집중 수행 중에서도 기도는 무엇보다 몸과 마음을 깨끗이 정화한 사람만이 할 수 있는 자격이 있다. 자신이 할 수 있는 일은 기도로 갈구하기 보다는 성찰을 통해 실천하는 것이 합당하다. 대의명분이 맞고, 불가항력적인 일을 기도할 때는 천지신명과 하나가 되기 위한 준비를 철저히 한 후에, 기원해야 한다. 몸과 마음과 삶을 정갈히 한 후에, 기도를 해야 효험을 볼 수 있다.

기도는 자신의 마음을 들여다보는 일이기도 하다.

기도를 통해 자신을 성찰한다는 점에서, 관심(觀心) 수행법이기도 하다. 관심을 통해 마음의 흐름을 볼 수 있다. 산란한 마음의 흐름을 거슬러 올라가다 보면, 고요한 본심(本心)에 이르게 된다. 진실한 기도는 천지의 신령한 기운과 하나가 되는 마음의 의식이라고 할 수 있다.

화두참구

화두(話頭)는 의식의 시작점을 의미한다. 어떤 생각이 떠오를 때, 그 생각이 생겨난 근본 원인이 어디에 있는가를 참구하는 것이 화두참구다. 절에서 가장 흔하게 하는 수행법이 화두참선이다. 화두참선은 깨달음에 이르는 공안(公案)을 화두로 삼고 참구하는 참선이다. 그러나 이것은 종교를 떠나 모든 사람이 할 수 있는 수행법이다.

원래 화두의 공안은 선사(禪師)가 제자의 근거에 맞게 정해주는 과제다. 공안을 현대적으로 재해석해서 화두참구를 할 수 있다. 삶의 본질적인 면에서, 가장 큰 의문이 생기는 점을 공안으로 삼는 것이다.

예를 들어, 예수는 원수를 사랑하라고 말씀했는데, 왜 그랬을까 하고 계속 참구해볼 수 있다. 나는 내 존재에 대한 근원적인 탐구와 당면한 문제들을 주로 화두로 삼았다. 요점은 화두로 삼을 내용과 의문이 인생을 좌우할 정도로 절실할수록, 효과가 크다는 사실이다. 의문이 강하고 클수록, 집중이 잘 되기 때문이다.

화두를 넓은 의미에서 보면, 뭔가 집중해서 해결하고자 하는 의문이나 알고 싶은 실용적인 명제로 확대해석할 수도 있다. 이 책의 내용 중에서 가슴에 와 닿는 구절이나 의문사항을 화두로 삼아도 된다. 이런 방법은 학습이나 업무에도 적용할 수 있다.

풀리지 않는 어떤 문제가 있을 때, 그 문제를 화두로 삼아 본다.

한 가지 주의할 점은 화두참구 중에 떠오른 생각을 참구 후에 적는 일이다. 기록하지 않으면, 번뜩이는 유성이 암흑의 우주공간으로 사라지듯이, 본질과 연결된 실마리일지도 모를 의식의 파편들이 다시 무의식의 심연 속으로 사라질 수 있다.

기록한 것을 깊이 성찰하면, 새로운 영감이 나온다.

여기서 한 발짝 더 나가야 한다. 그 영감을 시간, 공간, 그리고 사람의 3대요소로 연결하고 융합한다. 그리고 현실에서 실천해보면서 보완해 나가면, 삶의 모순을 극복하는 새로운 해결책이 탄생된다. 완전히 체득이 돼야, 삶의 지혜가 된다.

기호흡

앞서 호흡의 기본적인 것을 얘기했다면, 여기서는 좀 더 근원적인 차원에서 호흡에 관해 말해보겠다. 기호흡은 호흡을 통해서 몸의 기(氣)를 고르게 조율하는 것을 의미한다. 기호흡의 원류는 선도(仙道)라고 할 수 있다. 선도의 기본 경전이라고 할 수 있는 천부삼경(天符三經)에서 제시한 3대 수행법인 지감(止感), 조식(調息), 금촉(禁觸) 중에서, 조식이 기호흡에 해당한다. 천부삼경의 수행법은 <지혜수행>에서 자세히 다루고 있다.

기호흡이 일반 호흡과 다른 점은 몸의 기(氣)를 발동시킨다는 점이다. 몸의 기는 평소에 잠복해 있다. 보통 사람은 느끼기 힘들다. 이 생명의 기운이 발동하려면, 심신이 고요한 상태에 들어가야 한다. 이 경지에 접어들면, 평소의 거친 호흡이 멈춘 것과 같은 상태가 된다. 멈춘 것이 아니라, 멈춘 듯이 고요한 경지다. 이때 인체내부에 잠복해 있던 생명의 기운이 움직이는 것을 느낄 수 있다. 구심력이 극에 이르면, 원심력이 발동한다.

고요함이 극에 이르면, 원초적 생명의 기가 크게 발동한다.

동양에서는 전통적으로 정기신(精氣神)을 생명의 기본 3요소로 보았다. 기가 정과 신을 연결하는 매개역할을 한다. 원래 천부삼경에서 제시한 수행법은 지감, 조식, 금촉을 종합적으로 닦아서 현상의 정기신을 본질의 성명정(性命精)으로 전환시키는 것이다. 그러나 후에 선도는 주로 기호흡을 중점으로 삼는 수행법으로 발전했다. 무엇보다 기가 생명의 근원이라고 보는 관점이 우세하다,

호흡을 처음 시작할 때는 호흡이 다소 거칠다. 점차 몸과 마음이 균형을 찾아가면, 호흡이 평온해진다. 여기서 기호흡의 요점은 호흡과 마음을 하나로 연결하는 데 있다. 말하자면, 호흡을 집중대상으로 두고, 마음과 호흡이 하나가 되는 것이다. 마음과 호흡의 흐름이 일치하면, 마치 모든 생명흐름이 정지된 것과 같은 고요한 상태가 된다.

호흡과 마음이 고요해지면, 기가 발동한다. 이때 기와 마음이 혼연일체가 되면, 기가 저절로 움직인다. 기는 등쪽의 독맥(督脈)을 타고 위로 올라간다. 정수리를 타고 넘어가, 아랫입술 밑 가운데 오목한 곳에 있는 승장혈(承漿穴)에서, 임맥(任脈)으로 연결된다. 기가 독맥에서 임맥으로 넘어갈 때, 큰 위기가 찾아온다. 각종 신비스런 현상이 일어나는데, 모든 현상을 망상으로 무시하는 것이 답이다. 여기에 집착하거나 이끌려 다니면, 수행을 망치게 된다.

기가 임맥의 관문을 통과해서, 기해혈(氣海穴)을 지나 회음혈會陰穴)에 이르는 과정이 가장 힘들다. 평소 탁하거나 막힌 혈을 기가 통과하면서, 큰 고통이 따르기 때문이다. 몸이 깨끗하지 않을수록 고통은 배가 된다. 기가 독맥과 임맥을 한 바퀴 도는 것을 일주천(一周天)이라고 하는데, 일주천이 자유롭게 되면 심신이 상쾌해진다. 그러나 이것으로 수행이 완성되는 것은 아니다. 기라는 것도 일종의 물질이다. 물질에서 벗어나려면, 본래 마음의 절대영역으로 넘어가야 한다. 여기에 수행의 오묘함이 있다.

기호흡은 효과가 큰 만큼 부작용도 클 수 있다.

가장 주의해야 할 점은 기를 의도적으로 돌리는 것이다. 심신의 균형이 완벽하지 않은 상태에서 무리하면, 기가 안정을 유지할 수 없다. 기와 마음이 하나로 통합되면, 마치 우주의 운행이 낮과 밤으로 스스로 천도(天道)를 따라 가듯이, 기는 알아서 제 길을 찾아간다.

기는 기맥(氣脈)을 타고 스스로 간다.

기수련에 실패하는 경우를 보면, 지나친 욕심으로 기다릴 줄 모르고 성급하게 기를 운행시킨 결과가 대부분이다. 수행도 욕심이 들어가면 안 되는 이유가 여기에 있다. 모든 것은 때가 있는 법이다. 길이 열릴 때까지, 기다리는 인내가 필요하다.

염송(念誦)

기호흡이 힘든 사람은 염송을 하면 편하다. 아마도 가장 쉽게 할 수 있는 수행법이 염송이라고 할 수 있다. 염(念)은 마음을 현재의 집중대상에 둔다는 의미이고, 송(誦)은 집중대상을 읊조린다는 뜻이다.

염송은 집중대상을 의식의 전면에 두고 읊조리는 것이다.

염송에 들어가기 전에 먼저 집중대상을 선택해야 한다. 종교적 신념이 강한 사람은 믿는 성인이나 그분의 말씀을 집중대상으로 삼으면 좋다. 믿음이 강할수록 집중대상과 마음이 하나로 연결된다.

예를 들어, 기독교인이라면 예수님이나 성경의 문구를 염송할 수 있다. 불교인이라면 나무아미타불이나 경전의 핵심구절 등을 염송하면 된다. 특히 불경에 있는 불보살의 명호나 구절은 운율을 가지고 있기 때문에, 염송하기 편하다. 요가의 만트라(mantra)를 염송하는 것도 좋다.

종교가 없다면, 자신이 신념으로 삼고 있는 문구를 집중대상으로 삼을 수 있다. 예를 들어, 소크라테스가 "너 자신을 알라."고 했는데, 이 문구를 염송해본다. 아직 신념으로 삼을 것이 없으면, 일상에서 자신이 당면한 문제를 염송의 대상으로 삼아도 된다. 이 방법은 화두참구의 방식을 염송과 결합하는 것이기도 하다.

염송에는 두 가지 방식이 있다. 첫째는 소리를 내지 않고 마음속으로 읊조리는 것이다. 마음의 소리를 읊조리며, 마음속으로 듣는다. 시끄럽고 혼란한 세상에 사는 현대인은 마음속으로 염송하는 편이 무난하다. 언제 어디서나 다른 사람에게 불편을 주지 않고 할 수 있기 때문이다.

둘째 방법은 소리를 내서 읊조리는 것이다. 이때 소리를 크게 낼수록 집중하기 좋다. 문제는 큰 소리를 낼 수 있는 장소가 많지 않다는 점이다. 특별한 종교시설에서 동일한 집중대상을 함께 염송한다면 무난할 것이다. 이 점에서, 종교를 떠나서 절에서 하는 염불에 함께 참여해보는 것도 좋다.

염송 과정에서 호흡이 자연 고르게 되고, 마음이 가라앉는다.

염송에 깊이 들어가면, 염송과 마음이 하나가 되어간다. 그러면

점차 호흡도 깊어지고, 마음도 고요해진다. 기호흡의 효과처럼 심신이 상쾌해지면서, 기(氣)가 기맥을 타고 알아서 돌아간다. 이 점에서, 염송이 가장 안전한 수행법이라고 할 수 있다.

기타 수행법

위에 열거한 방법 이외에도 많은 수행법이 있다. 관음(觀音), 관상(觀象), 포행(布行) 등이 있다. 관음은 소리를 듣는 수행법이다. 예를 들어, 숲속에서 자연의 소리에 집중해볼 수 있다. 그 소리에 집중하면서 내 마음을 들여다본다. 관음수행법과 염송을 하나로 묶어서, 염송대상으로 읊조리는 소리를 듣는다면, 효과가 한층 높아진다. 염송에는 마음속으로 하는 것과 소리를 내는 것 두 가지가 있듯이, 듣는 방식도 마음속의 울림과 실제 울림소리를 듣는 두 가지 방식이 있다.

관상 수행법은 특별한 조각상을 앞에 두고 바라보는 것이다. 처음에는 시각을 대상에 집중해서 바라본다. 집중이 지속되면, 대상과 마음이 하나가 된다. 그 상태가 끊임이 없이 계속되면, 어느 순간 심물일원(心物一元)의 본성자리에 이르게 된다. 나의 아집이 사라지면, 대상과 내가 하나가 된다. 물아일체의 경지다.

요점은 집중이 잘 되는 대상을 선택하는 것이다. 예를 들어, 예수상이나 부처상을 앞에 두고 그것에 마음을 집중해본다. 신앙심이 깊을수록 효과도 높아진다.

포행은 본래 참선수행자가 장시간 앉아서 굳은 몸을 풀기 위해 한가로이 걷는 것을 의미한다. 그러나 여기서는 포행 자체를 집중수행의 대상으로 삼는 것을 말하고 있다. 걷는 일이 집중수행이 되려면, 어느 정도 긴 시간을 두고 걸어야 한다. 다만 무리해서 걷지 말고, 자신의 능력에 맞게 거리와 시간을 조율한다.

포행의 요점은 걷기를 통해 자신을 들여다보는 데 있다.

단순히 걷는 것은 일반적인 운동일 뿐이다. 어떤 의문을 품고 길을 떠나보자, 예를 들어, 제주도 둘레길을 걸어볼 수 있다. 지리산이나 북한산 둘레길도 좋다. 아니면 한 달 정도 작정을 하고 국토대장정을 떠나 본다. 전국을 동서남북으로 종단하면서 집중적으로 걷기 수행을 하면, 자신과 자연이 하나가 되는 느낌을 받게 된다. 좀 더 여유가 있다면, 멀리 해외로 나가서 티벳 순례길이나 산티아고 순례길을 체험해볼 수도 있다.

일상 속에서 집중수행을 하는 방법도 있다. 매사에 정신을 집중해서 일상을 살아가는 것이다. 말을 할 때는 말에 정신을 집중하고, 생각할 때는 생각에 집중하고, 행동할 때는 행동에 집중하면 된다. 이렇게 삶과 마음이 하나가 되면, 어느 순간 깨달음이 찾아올 것이다.

삶 자체가 집중대상이 되는 것이 가장 이상적이다.

어떤 방법을 하던 중요한 것은 자신에게 맞는 수행법을 찾는 일이다. 아무리 좋은 수행법도 자신에게 맞지 않으면 의미가 없다. 따라서 자신의 습성, 상황 등을 종합적으로 고려해서, 각종 수행법을 때에 맞게 활용하는 것이 중요한 요점이다. 일상의 모든 것이 수행의 대상이므로, 스스로 잘 살펴서 적절한 방법을 사용할 수 있어야 한다. 같은 맥락에서 수행단계가 높아지면, 수행법도 수준에 맞게 조율할 필요가 있다.

카르마의 정화

한 가지 수행법으로 깊이 들어가면, 점차 심신의 변화가 일어난다. 의식이 깨이고, 활기가 넘치게 된다. 그러나 여기서 다시 한 번 주의할 점이 있다. 카르마의 정화는 단순히 골방에서 앉아서 하는 명상으로 완성되지 않는다는 사실이다.

수행은 궁극적으로 카르마를 정화하는 데 목적이 있다.

앞서 말했듯이, 카르마의 업연이 장구하고 굴곡이 많기 때문에, 그것을 정화하는 일도 시간이 오래 걸리고 그 과정도 험난하다. 꽃도 혹독한 겨울을 이겨내야 봄에 아름답게 피듯이, 의식도 숙성되어야 광명(光明)과 같은 본성이 드러난다.

밝은 의식이 드러났다고, 모든 수행이 완결되는 것은 아니다.

이 점을 특히 주의해야 한다. 비유하자면, 세상에 아기가 태어났지만, 아직 걸음마도 떼지 않은 상태와 같다. 의식이 완전히 성숙될 때까지 온양(溫養)하고 심신을 단련해야, 아이가 성장해서 제 힘으로 일어나 활동할 수 있다. 자유롭게 활동하는 단계에 이르러야, 수행은 완성된다. 그 다음 단계는 수도(修道)의 단계다. 여기서는 그 이상은 말할 수 없다.

수행의 완성은 삶으로 구현된다.

그러므로 무엇보다 선(善)한 업을 많이 쌓아야, 카르마가 맑아지고 업의 무게가 가벼워진다. 악(惡)한 업을 쌓으면, 카르마가 더욱 혼탁해지고 업이 두터워진다. 예를 들어, 선행을 하면, 기분이 좋고 마음이 밝고 가벼워지는 것을 느낀다. 반대로 악행을 저지르면, 뭔가 기분이 어둡고 찜찜하고 마음이 무거워지는 것을 느낄 수 있다.

악업이 클수록 마장도 크다.

수행자가 악업을 제거하지 않은 상태에서 명상을 깊이 하면, 반드시 마장이 찾아온다. 때문에 몸과 마음과 삶의 균형을 일상 속에서 먼저 회복한 연후에, 또는 그와 더불어 본격적인 수행을 하는 것이 순리다. 대부분의 수행자가 이 점을 망각하고 수행하기 때문에, 중도에 실패하거나 더 이상의 발전이 없게 된다. 이 책에서 삶수행을 강조하는 이유이기도 하다.

수행 요점정리

- 수행 단계를 끌어올리는 데는 전문적인 집중수행이 필요하다.
- 집중수행 기간에 목표를 정해두고 생명력과 통찰력을 기른다.
- 수행의 감각을 기른 사람은 불행의 전조를 느낄 수 있다.
- 삶의 전환이 필요할 때, 간헐적인 집중수행으로 균형을 회복한다.
- 누구나 인생의 시련기나 전환기는 있기 마련이다.
- 삶을 돌아보고, 새로운 활기를 충전하는 일정 기간이 필요하다.
- 마음을 멈추고, 변화흐름을 성찰하는 방법이 필요하다.
- 마음속에는 의식 저편에 제3의 객관적인 눈이 있다.
- 심안을 느껴야 한다.
- 마음의 눈으로 자신을 반추하는 연습을 집중적으로 한다.
- 자세, 번뇌망상, 팽창과 수축, 정신력, 집중대상에 주의한다.
- 수행이 어느 단계에 이르면, 심신이 크게 요동치는 때가 있다.
- 기가 크게 발동할 때, 자세의 균형이 유지되지 않으면, 마음의
  고요함을 지킬 수 없고, 더 높은 단계로 올라갈 수 없다.
- 번뇌와 망상을 상대하면 할수록, 더 큰 번뇌와 망상이 생긴다.
- 번뇌망상은 신경 쓰지 않고 내버려두면, 저절로 사라진다.
- 심리와 생리의 팽창과 수축은 모든 물리적 현상의 기본 원리다.

- 현상의 마음은 물리적 관계를 가지고 변화할 수밖에 없다.
- 물리적 현상은 원심력과 구심력이 똑같이 작용한다.
- 집중의 시간과 정도에 비례해서 이완의 시간과 정도가 정해진다.
- 의식이 상승하는 단계에 이르면, 마장이 찾아온다.
- 이때는 번뇌와 망상을 대하는 것처럼 무시하는 것이 답이다.
- 수행의 최종단계에 이르면, 집중대상으로 삼은 것도 버려야 한다.
- 집중대상은 진리의 세계에 들어가기 위한 수단이다.
- 이 수단을 끝까지 놓지 못하면, 그 자체가 마장이 된다.
- 기도는 모든 종교에서 공통적으로 행하고 있는 의식이다.
- 기도는 자신이 도리에 맞는 삶을 사는 지 성찰하는 일이다.
- 기도는 자신을 판단한다는 의미인 테필라에서 유래한 말이다.
- <탈무드>는 스스로 할 수 있는 일을 기도로 구하는 것을 금했다.
- 우주의 근본법칙은 인과율이다.
- 예수는 인과율을 하늘의 뜻이라 했고, 석가는 불법이라 표현했다.
- 바른 기도는 인과율을 위배하지 않는다.
- 인과율에 합당한 기도는 마음속에서 자연스럽게 우러나온다.
- 자신의 기도가 인과율을 위배하지 않는 지 성찰해보자.
- 기도할 때는 심신의 준비를 철저히 한 후에 기원해야 한다.
- 몸과 마음과 삶을 정갈히 한 후에, 기도해야 효험을 볼 수 있다.
- 기도는 자신의 마음을 들여다보는 일이기도 하다.
- 산란한 마음을 거슬러 올라가면, 고요한 본심에 이르게 된다.
- 진실한 기도는 천지의 신령한 기운과 하나가 되는 의식이다.
- 어떤 생각이 떠오를 때, 그 근본을 참구하는 것이 화두참구다.

- 해결하고자 하는 의문이나 명제로 화두를 확대해도 된다.
- 풀리지 않는 어떤 문제가 있을 때, 그 문제를 화두로 삼아 본다.
- 화두참구 중에 떠오른 생각을 참구 후에 적는다.
- 기록한 것을 깊이 성찰하면, 새로운 영감이 나온다.
- 그 영감을 천지인의 3대요소로 연결하고 보완해가면, 삶의 모순을 극복하는 새로운 해결책이 탄생된다.
- 기호흡은 호흡을 통해 기를 고르게 조율하는 것이다.
- 기호흡이 일반 호흡과 다른 점은 기를 발동시킨다는 점이다.
- 심신이 고요해야, 기가 움직이는 것을 느낄 수 있다.
- 고요함이 극에 이르면, 원초적 생명의 기가 크게 발동한다.
- 기호흡의 요점은 호흡과 마음을 하나로 연결하는 데 있다.
- 마음과 호흡이 일치하면, 심신이 고요한 상태가 된다.
- 기와 마음이 혼연일체가 되면, 기가 저절로 움직인다.
- 기가 독맥에서 임맥으로 넘어갈 때, 큰 위기가 찾아온다.
- 이때 각종 신비스런 현상이 일어나는데, 무시하는 것이 답이다.
- 기가 임맥의 관문을 지나 회음혈에 이르는 과정이 가장 힘들다.
- 평소 탁하거나 막힌 혈을 기가 통과하면서, 큰 고통이 따른다.
- 기라는 것도 일종의 물질이다.
- 물질에서 벗어나려면, 본래 마음의 절대영역으로 넘어가야 한다.
- 기호흡은 효과가 큰 만큼 부작용도 클 수 있다.
- 가장 주의해야 할 점은 기를 의도적으로 돌리는 것이다.
- 기와 마음이 하나로 통합되면, 기는 알아서 제 길을 찾아간다,
- 기는 기맥을 타고 스스로 간다.

- 기수련 실패의 대부분은 성급하게 기를 운행시킨 결과다.
- 길이 열릴 때까지, 기다리는 인내가 필요하다.
- 기호흡이 힘든 사람은 염송을 하면 편하다.
- 염송은 집중대상을 의식의 전면에 두고 읊조리는 것이다.
- 염송에 들어가기 전에 먼저 집중대상을 선택해야 한다.
- 종교적 신념이 강하면, 성인을 집중대상으로 삼으면 좋다.
- 믿음이 강할수록 집중대상과 마음이 하나로 연결된다.
- 신념으로 삼고 있는 문구를 집중대상으로 삼을 수 있다.
- 일상에서 당면한 문제를 염송의 대상으로 삼아도 된다.
- 염송에는 두 가지 방식이 있다.
- 첫째 소리를 내지 않고 마음속으로 읊조린다.
- 둘째 소리를 내서 읊조린다.
- 염송의 과정에서 호흡이 자연 고르게 되고, 마음이 가라앉는다.
- 그 외 관음은 소리를 듣는 수행법이다.
- 소리에 집중하면서 내 마음을 들여다본다.
- 관음수행법과 염송을 하나로 묶어서, 염송대상으로 읊조리는 소리를 듣는다면, 효과가 한층 높아진다.
- 관상 수행법은 특별한 조각상을 앞에 두고 바라보는 것이다.
- 집중이 지속되면, 대상과 마음이 하나가 된다.
- 그 상태가 끊임이 없이 계속되면, 어느 순간 심물일원에 이른다.
- 요점은 집중이 잘 되는 대상을 선택하는 것이다.
- 포행은 그 자체를 집중수행의 대상으로 삼는 것을 말한다.
- 포행의 요점은 걷기를 통해 자신을 들여다보는 데 있다.

- 걷기수행에 집중하면, 자연과 하나가 되는 느낌을 받게 된다.
- 삶 자체가 집중대상이 되는 것이 가장 이상적이다.
- 중요한 것은 자신에게 맞는 수행법을 찾는 일이다.
- 자신의 습성, 상황 등에 맞게 각종 수행법을 활용한다.
- 수행단계가 높아지면, 수행법도 수준에 맞게 조율할 필요가 있다.
- 수행은 궁극적으로 카르마를 정화하는 목적이 있다.
- 카르마의 정화는 단순히 명상으로 완성되지 않는다.
- 카르마의 업연이 질긴 만큼, 정화하는 과정도 험난하다.
- 밝은 의식이 드러났다고, 모든 수행이 완결되는 것은 아니다.
- 의식이 완전히 성숙될 때까지 심신을 단련해야, 수행이 완성된다.
- 수행의 완성은 삶으로 구현된다.
- 선한 업을 쌓아야, 카르마가 맑아지고 업의 무게가 가벼워진다.
- 악업이 클수록 마장도 크다.
- 수행자가 악업을 제거하지 않고 명상을 하면, 마장이 찾아온다.
- 삶의 균형을 회복한 연후에, 본격적인 수행을 하는 것이 순리다.
- 그렇지 않으면, 중도에 실패하거나 발전이 없게 된다.

09

지혜수행

09

지혜수행

우리가 온전한 행복을 누릴 수 없는 것a은 근본적으로 원만한 지혜가 없기 때문이다. 편협한 시각으로 모순과 갈등이 겹겹이 쌓인 세상을 살아가면, 불행은 당연한 결과다. 이런 위태로운 세상에서 안주하면서 느끼는 행복은 바람 앞의 등불처럼 찰나적인 것에 불과하다.

나의 불행은 근본적으로 어리석은 마음에 있다.

어리석은 마음 때문에, 알게 모르게 죄를 짓는다. 어리석은 마음이 없어지면, 죄도 사라진다. 따라서 불행의 씨앗인 죄를 짓지 않고 행복을 맞이하기 위해서는, 어리석음을 밝게 비추는 지혜의 마음을 회복해야 한다. 어떻게 하면, 우리의 편협한 의식을 바르게 펼 수 있을까? 의식의 어둠을 밝힐 수 있는 수행의 지혜가 있다면, 우리는 바른 의식을 회복할 수 있다.

성인들이 공통적으로 밝힌 지혜는 중도, 중용, 황금률이다.

성인들의 말씀을 종합하면, 의식을 밝히는 유일한 방법은 뾰족하게 각지고 흐릿한 분별의식을, 원만하고 밝은 통합의식으로 깨우는 일이다. 수행을 하는 최종 목적은 지혜를 밝히는 데 있다. 지혜는 단순히 앉아서 마음을 들여다본다고 성취할 수 있는 것이 아니다.

수행의 원리인 중도(中道)는 삶의 원리이자 경영의 원리다.

우리가 신인(神人)이 아닌 이상 한평생 공부해도 스스로는 중도의 지혜를 증득할 수 없다. 따라서 이미 중도를 깨닫고 구현한 성인의 말씀을 통해 중도를 이해하고, 삶수행을 통해 단계별로 체득해가는 것이 가장 안전하다.

중도의 지혜를 습득하는 방법

현재 삶의 모순을 해결하려는 수많은 이론들이 쏟아져 나오고 있지만, 어떤 이론도 삶의 총체성을 다 담고 있지 못하다. 동서양의 잡다한 사상과 이론 그리고 그로부터 파생된 수많은 방법론이 우리를 혼란스럽게 하고 있는 상황이다. 더욱이 과거의 이론을 뒤엎는 새로운 이론이 계속 발표되고 있다. 미래에는 또 다른 이론이 끊임없이 나올 것이다.

이것은 우리가 서로 상이한 관점에서 현상을 보기 때문이기도 하지만, 근본적으로는 본질을 망각한 상태에서 현상의 단편적인 시각에서 세상을 판단하기 때문이다.

많은 이론과 사상이 성인들의 근본정신에서 비롯되었다.

그러나 한 가지 큰 문제가 있다. 성인의 말씀과 정신이 오랜 세월 전승과정에서 왜곡되거나, 오해된 측면들이 많다는 사실이다. 그 때문에 본래의 원초적 정신으로 돌아가는 데 많은 걸림돌이 있다. 때문에 종교사상이나 철학이 같은 사람들 사이에서도 이견이 많다.

중도는 이분법적인 개념과 표현으로는 설명이 안 된다.

중도는 현상과 본질의 모순을 모두 수용하고, 동시에 초월하는 양면성을 지니고 있기 때문이다. 게다가 전승과정에서 중도의 실상에 관한 말씀과 그 방편에 관한 말씀이 섞여있기 때문에, 더욱 중도를 이해하기 힘들다.

사실 한 성인의 말씀을 연구하는 데 평생을 바쳐도, 완전히 이해하기 힘들다. 더구나 오랜 세월 많은 이론들이 중간 중간 개입되면서, 성인의 말씀은 여러 갈래로 분화되었다. 이 시대 대부분의 철학과 이론 그리고 방법론은 성인 말씀의 모방의 모방이라고 할 수 있다. 성인의 본래 정신에서 여러 차원 멀어진 것이다.

성인의 정신에서 파생된 이론과 철학은 너무 방편적이어서 일부분에는 효과적이나, 전체의 균형이 부족한 것이 문제다. 또는 너무 현학적이어서 일반 사람들이 이해하기 힘들고, 심지어 전문가들 사이에서도 미묘한 사안에 대해서는 견해의 차이를 보이는 경우가 많다. 때문에 다양한 갈래의 이론에 물든 사람들은 말씀의 본뜻을 곡해하기 쉽다. 자기식의 안경을 쓰고 세상을 보는 격이다. 현상과 본질을 혼동하면, 진리의 모습이 흐려지기 마련이다.

이론의 경계를 넘어, 중도의 근본 이치를 깨달아야 한다.

중도의 이치와 방법이 삶의 모순을 조화시키는 유일한 길이다. 이 중심맥락을 통해 성인들의 말씀을 비교함으로써, 공통의 진리를 이끌어낼 수 있다. 이른바 경(經)을 통해 경(經)을 이해하는 방식을 통해, 서로 다르게 표현된 말씀 속에 내재한 공통의 진리를 유추해낸다.

예를 들어, 중도의 이치에 해당하는 공자의 말씀을 노자. 석가, 예수 등의 말씀을 통해 비교하고, 서로 합치되는 보편정신을 이끌어낸다. 다른 성인의 말씀도 마찬가지 방식으로 하나하나 검증하고 삶속에서 실천하면 된다.

성인은 표현만 다르지, 중도의 지혜를 말씀했다.

성인은 중도의 정신을 말씀했고, 중도의 방법으로 중도를 세상에 구현하고자 헌신했다. 그 이유를 생각해볼 필요가 있다. 본질은 현상으로 구현되어 있다. 우리는 현상을 통해 본질에 이를 수밖에 없다. 따라서 삶의 모순을 헤쳐 나가기 위해서는 중도적 삶의 방식을 통해서 단계별로 중도의 실상인 본질에 다가갈 수밖에 없다.

중도가 목표이자 수단이다.

이 점에서, 나는 중도를 본질과 현상 양면에서 표현하고 있다. 진리의 실상인 중도와, 진리에 이르는 중도의 지혜가 둘이 아니기 때문이다. 성인이 중도의 지혜를 공통적으로 말씀한 이유가 여기에 있다.

성인의 정신은 현실과 이상을 꿰뚫어 관통하는 통합적인 통찰력을 보여주고 있다. 그래서 식견이 높은 사람은 높은 견지에서, 반대로 낮은 사람은 낮은 상태에서, 성인의 말씀을 곱씹어 볼수록 자신의 입장에서 새로운 의미를 찾을 수 있는 것이다.

역경의 변화지혜

아마도 인류의 지혜 중에 가장 오래된 것이 역경의 지혜일 것이다. 8천여 년 전에 복희씨(伏羲氏)가 만든 팔괘(八卦)에서 발전된 역경은 우주변화의 원리를 세상사에 적용한 지혜의 보고다. 역경의 지혜는 한마디로 변화의 지혜다. 헤아릴 수 없는 세월동안 하늘, 땅,

그리고 사람의 변화관계를 관찰하고 기록한 결과가 역경에 농축되어 있다.

현재 남아있는 역경은 공자가 편찬했다고 볼 수 있는 주역(周易) 하나뿐이다. 공자도 역(易)의 이치를 20여 년간 궁구한 이후에야 도(道)를 깨쳤다고 하니, 그 오묘한 깊이를 헤아리기 어렵다. 노자도 역의 이치를 통해, 우주자연의 생명이치를 깨달을 수 있었다. 유가와 도가가 모두 역경에서 비롯된 것이다.

역경이 우리에게 주는 지혜를 세밀하게 얘기하려면, 아마도 수백 권의 책을 써도 모자랄 것이다. 나도 《주역인생전략》이란 책을 쓴 바 있다. 하지만 솔직히 말해서 역의 이치를 통달하고 쓴 것이 아니라, 역을 공부하기 위해 새롭게 정리한 것에 불과하다. 더욱이 짧은 기간에 쓴 책이라서 부족한 점들이 많다.

역(易)은 역술이 아닌 수행의 이치다.

자연의 변화이치를 모르고서는 수행을 할 수 없다. 인간은 자연의 일부이기 때문에, 자연의 생명변화를 따르지 않을 수 없기 때문이다. 인류문명도 크게 보면 우주자연의 일부이기 때문에, 변화와 관계의 법칙에서 예외일 수 없다. 따라서 인간은 자연의 변화이치에 맞게 대비하고 변화해야, 생명을 안전하게 보존할 수 있다. 수행의 이치도 마찬가지다.

대자연 변화의 원형은 1년 12개월과 24절기로 축소해서 설명할 수 있다. 자축인묘진사오미신유술해(子丑寅卯辰巳午未申酉戌亥)라고 하는 12지지(十二地支)의 변화흐름은 그대로 생명과 사회의 변화 흐름에 영향을 미친다. 참고로 12지지는 음력과 관련되고, 절기는 양력과 관련된다. 동양은 오래전부터 음양의 이치를 통합해서 활용했음을 알 수 있다.

변화원리의 세세한 부분은 《주역인생전략》을 참고하기 바라고, 여기서는 변화의 핵심만 소개하겠다. 역을 잘 모르는 사람은 여기에 등장하는 괘(卦) 이름은 신경 쓰지 말고, 6개의 효(爻)로 이루어진 상하괘(上下卦)에서 음양(陰陽)이 번갈아 돌아가는 이치만 이해하면 된다. 이것도 어려우면, 한번 읽어만 보고 넘어가기 바란다. 나중에 보면 이해가 될 수 있다.

자월(子月)은 음력 11월에 해당한다. 절기로는 대설(大雪)과 동지(冬至)가 있다. 이 달의 해당 괘는 지뢰복(地雷復)이다. 초효만 양(陽)이고, 위의 5개 효는 전부 음(陰)이다. 양기(陽氣)가 새롭게 생긴 모습이다. 차가운 땅속에서 뭔가 새로운 생명의 기운이 올라오고 있음을 암시한다. 고대에는 자월을 1년의 시작으로 삼은 적도 있다. 생명의 기운으로 보면 동짓달이 새해의 시작인 셈이다. 양기가 미약할 때는 출입을 삼가고, 고요히 양기를 키우는 도리가 담겨있다.

지뢰복(地雷復)

축월(丑月)은 음력 12월에 해당한다. 절기로는 소한(小寒)과 대
한(大寒)이 있다. 해당 괘는 지택림(地澤臨)이다. 양효가 2효까지 확
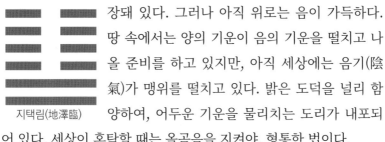
장돼 있다. 그러나 아직 위로는 음이 가득하다.
땅 속에서는 양의 기운이 음의 기운을 떨치고 나
올 준비를 하고 있지만, 아직 세상에는 음기(陰
氣)가 맹위를 떨치고 있다. 밝은 도덕을 널리 함
양하여, 어두운 기운을 물리치는 도리가 내포되
지택림(地澤臨)   양하여, 어두운 기운을 물리치는 도리가 내포되
어 있다. 세상이 혼탁할 때는 올곧음을 지켜야, 형통한 법이다.

인월(寅月)은 음력 1월에 해당한다. 절기로는 입춘(立春)과 우수
(雨水)가 있다. 해당 괘는 지천태(地天泰)다. 하괘는 모두 양이고,
상괘는 모두 음이다. 땅에는 하늘의 기운인 양기
가 충만하고, 하늘에는 땅의 기운인 음기가 가득
하다. 음양이 서로 교차해서 교류하는 모습이다.
물 기운은 위로 올리고, 불 기운은 아래로 내리는
지천태(地天泰)   수승화강(水升火降)을 통해 생명의 큰 조화를 이
루는 도리가 담겨 있다. 물질과 정신의 조화를 이루어야 한다.

묘월(卯月)은 음력 2월에 해당한다. 절기로는 경칩(驚蟄)과 춘분
(春分)이 있다. 춘분에는 낮과 밤의 길이가 같다.
해당 괘는 뇌천대장(雷天大壯)이다. 양이 4효까
지 늘어나 있다. 양기가 약동하는 기운이 강해서,
사람들이 강성한 기운에 취해 절도를 지키기 어
려운 형국이다. 너무 강한 것은 부러지기 마련이
뇌천대장(雷天大壯)

다. 올곧음을 지켜야 불행을 예방할 수 있다. 강성한 기운을 절도 있게 조절하는 이치가 있다. 예(禮)가 아니면 행하지 않는다.

진월(辰月)은 음력 3월에 해당한다. 절기로는 청명(淸明)과 곡우(穀雨)가 있다. 괘는 택천쾌(澤天夬)다. 양이 맨 위에 하나 남은 음

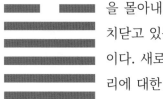
택천쾌(澤天夬)

을 몰아내기 직전이다. 양기가 바야흐로 극으로 치닫고 있는 형국이다. 뭔가 결단이 필요한 시점이다. 새로운 변화를 모색하는 시기에는 바른 도리에 대한 믿음이 절실하다. 대의명분을 통해 부패를 척결하는 도리가 있다. 절차를 무시하고 힘을 함부로 쓰면, 낭패를 당할 수 있다. 양기가 극에 이르기 직전에는, 수행의 절도를 지켜야 한다.

사월(巳月)은 음력 4월에 해당한다. 절기로는 입하(立夏)와 소만(小滿)이 있다. 해당 괘는 重天乾(중천건)이다. 6효가 모두 양이다.

중천건(重天乾)

더 이상 양기가 갈 곳이 없다. 원심력이 다하면, 구심력이 돌아오는 법이다. 달도 치면 기운다. 변화의 흐름이 바뀌는 단계에서는 천도의 변화에 몸을 맡기고, 올곧음을 지켜야 한다. 고요한 상태를 지키고 있으면, 새로운 변화가 일어난다.

오월(午月)은 음력 5월에 해당한다. 절기로는 망종(芒種)과 하지(夏至)가 있다. 해당 괘는 천풍구(天風姤)다. 음양이 전환되어, 음이 초효에 하나 생겨난 모습이다. 위로는 양기가 가득하다. 양기에서

천풍구(天風姤)

음기로 변화의 방향이 바뀔 때는, 심신을 정갈히 해야 한다. 생명의 에너지가 돌아가는 과정에서, 음양의 순환이 조화롭게 이루어져야 문제가 없다. 따라서 새로 생긴 음기를 잘 보호해야 한다. 욕망을 다스려 음양의 조화를 구하는 도리가 내포되어 있다.

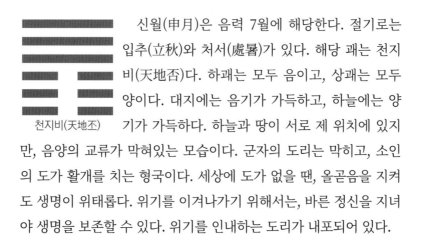
천산돈(天山遯)

미월(未月)은 음력 6월에 해당한다. 절기로는 소서(小暑)와 대서(大暑)가 있다. 해당 괘는 천산돈(天山遯)이다. 하괘의 음이 2효까지 늘어나 있는 모습이다. 점차 양기가 물러나고 있는 형국이다. 양기가 줄어드는 때에는, 물러나서 자신을 돌아보는 도리를 지켜야, 생명을 안전히 지킬 수 있다. 이 시기에 인체의 겉은 후덥지근하지만, 속은 차다. 올곧음을 지키고, 심신을 단련해야 조금이나마 이롭다.

천지비(天地否)

신월(申月)은 음력 7월에 해당한다. 절기로는 입추(立秋)와 처서(處暑)가 있다. 해당 괘는 천지비(天地否)다. 하괘는 모두 음이고, 상괘는 모두 양이다. 대지에는 음기가 가득하고, 하늘에는 양기가 가득하다. 하늘과 땅이 서로 제 위치에 있지만, 음양의 교류가 막혀있는 모습이다. 군자의 도리는 막히고, 소인의 도가 활개를 치는 형국이다. 세상에 도가 없을 땐, 올곧음을 지켜도 생명이 위태롭다. 위기를 이겨나가기 위해서는, 바른 정신을 지녀야 생명을 보존할 수 있다. 위기를 인내하는 도리가 내포되어 있다.

유월(酉月)은 음력 8월에 해당한다. 절기로는 백로(白露)와 추분(秋分)이 있다. 추분에는 밤과 낮의 길이가 같다. 해당 괘는 풍지관(風地觀)이다. 음이 4효까지 올라온 모습이다. 바야흐로 결실의 계절이다. 결실에 대한 감사를 제사를 지내는 것은 인간의 바른 도리다. 물질이 풍족하면, 자칫 정신이 해이해지고 풍기가 문란해질 수 있다. 풍속을 살피는 도리를 지켜야 할 때다.

풍지관(風地觀)

술월(戌月)은 음력 9월에 해당한다. 절기로는 한로(寒露)와 상강(霜降)이 있다. 해당 괘는 산지박(山地剝)이다. 맨 위에 양이 하나만 남고, 아래로는 음이 가득하다. 음기가 극을 향해 치닫고 있다. 양기가 위태로운 상황이다. 이때는 밝은 지혜를 구하고, 심신을 가다듬어야 한다. 세상에 도리가 없을 때에는 갈 곳이 있어도 위태롭다. 검소함으로 타락을 예방하는 도리가 숨어있다.

산지박(山地剝)

해월(亥月)은 음력 10월에 해당한다. 절기로는 입동(立冬)과 소설(小雪)이 있다. 해당 괘는 중지곤(重地坤)이다. 상하괘가 모두 음이다. 천지에 음기가 가득하다. 추운 겨울의 시작이다. 음양 순환의 관점에서는 해월이 한 해의 끝이자, 새로운 시작을 준비하는 시기다. 음이 극에 이르면, 다시 양으로 전환하는 법이다. 올곧음을 지키면서 밝은 기운을 지향하는 것이 이롭다. 군자는 힘들어도 밝은 도리를 따르는 것이 마땅하다. 마음을 고요히

중지곤(重地坤)

하고 올곧음을 지키면, 양기가 돌아오는 법이다.

1년의 변화가 12단계로 변하듯이, 하루의 변화도 12단계로 변한다. 수행의 관점에서, 하루 중에서 생명변화의 흐름 상 특히 주의해야 할 요점은 자시(子時), 묘시(卯時), 오시(午時), 그리고 유시(酉時)에 있다.

특히 자시와 오시를 주의해야 한다.

자시와 오시는 각각 양기와 음기가 처음 생기는 때이다. 막 생겨난 양기와 음기를 잘 보호해야, 음양의 순환을 원만하게 이룰 수 있다. 그리고 묘시와 유시는 각기 양기와 음기가 강하게 약동하는 때이므로, 양기와 음기의 지나친 발동을 자제하는 것이 생명을 안전하게 지키는 비결이다.

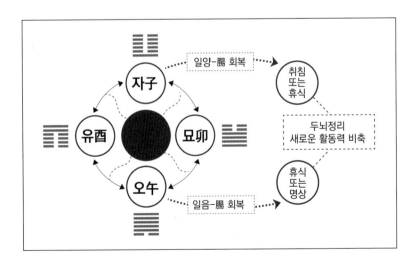

역경의 시간은 12단계의 변화가 끝없이 순환하고 있다. 생명의 리듬도 12단계의 흐름을 타고 있다. 이 흐름을 역으로 이용해서 생명의 근원으로 회귀하는 것이 수행의 원리이자 방법이다. 무한한 반복 속에 변화가 있는 것이 생명의 오묘한 이치다.

우리는 시작과 끝이란 이분법으로 인생을 바라보지만, 역경의 관점은 다르다. 순환의 관점에서는 시작과 끝이 한 몸을 이루고 있기 때문에, 시작도 없고 끝도 없다. 시작도 끝도 없는 과정 속에서 자연의 대전환이 이루어진다.

역(易)의 시간관념은 종시(終始)라는 표현에서 잘 엿볼 수 있다.

끝났다고 생각하는 것은 우리의 착각일 뿐이다. 언제나 새로운 시작이 있을 뿐이다. 수행도 끊임없는 생명의 도리를 따라야, 성공할 수 있다. 수행은 생명에너지의 끝없는 순환 속에서 깨달음의 대전환을 이루는 과정이다. 요행은 없다. 그저 일상의 도를 반복해서 성심을 다해 닦아 나가는 수밖에 없다.

공자의 생활지혜

공자는 괴력난신(怪力亂神)에 대해서는 평소 말씀하지 않았다. 괴이한 것, 힘으로 하는 것, 어지러운 것, 그리고 신에 관한 것에 관해 모를 리가 없지만, 공자가 그렇게 한 데는 이유가 있다. 무엇보다 일상의 삶이 진리로 가는 데 가장 중요한 첫 번째 관문이고, 진리를 구현할 마지막 관문이기 때문이다. 사람들이 자칫 신비한 현상에 경도되어 일상을 경시하는 일을 막은 것이다.

공자의 말씀은 생활의 중도를 이루는 데 중점이 있다.

진리의 본체보다는 현상의 쓰임을 중시해서 특별히 중용(中庸)이라는 표현을 썼다. 공자는 학문을 중시했는데, 공자가 추구한 학문은 전문적인 지식보다는 살아가는 도리를 닦고 익히는 학문이었다. 한마디로 그의 학문은 삶의 수행이라고 할 수 있다.

도가의 사람들은 곧잘 공자를 무시하곤 하는데, 실상 공자는 노자가 말씀한 무위자연의 이치를 잘 알고 있었다. 노자와 장자는 절대 공자를 무시하지 않았다. 유가와 도가가 분화되는 과정에서 오해가 생긴 것에 불과하다. 공자가 도가와 다른 점은 도를 구현하는 방편이다. 공자는 무위의 행을 자연이 아닌 일상에 적용했을 뿐이다. 무위의 이치는 양쪽 다 같다. 공자는 어떤 문제에 대해 언제나 선입견 없이 허공과 같은 빈 마음으로, 현상의 양면을 파악한 후에 결론을 내렸다.

모든 것을 꿰뚫어 보는 공자의 일이관지(一以貫之) 지혜는 진실한 마음으로 상대방을 고려하는 충서(忠恕)의 정신에서 나온다. 충서는 중도가 삶에서 구현되는 방식이라고 할 수 있다.

공자의 충서는 인(仁)의 정신과 통한다.

인은 자신의 잘못을 바로 잡는 데서 시작한다. 이기주의를 극복하고 사람들을 차별 없이 사랑하는 마음으로 인은 완성된다. 그 과정에서 인은 사람 간의 질서인 예(禮)로 구현된다. 앞서 보았듯이, 자신을 바로 세우는 것이 수행의 기본이다. 초보 수행자는 공자의 삶 수행에서 시작하는 것이 바람직하다.

공자는 주역을 새롭게 편찬하고, 십익(十翼)이라는 10가지 해설서까지 전한 것으로도 유명하다. 생명의 변화에 따른 삶과 수행의 이치를 설명하고 있는 점을 보아, 공자는 당대 누구보다 수행법을 잘 알고 있었다.

공자의 법통은 제자인 증자와 손자인 자사를 거쳐 맹자에게 전해졌다. 증자가 쓴 《대학》에 유가의 도학이 잘 정리되어 있다. 대도(大道)에 들어가기 위해서는 밝은 덕인 명덕(明德)을 닦고, 그 덕을 사람들 사이에서 조화롭게 펴는 친민(親民)을 통해, 지극한 선에 이르는 지선(至善)을 이루어야 한다.

도를 증득하는 방법으로 지(知), 지(止), 정(定), 정(靜), 안(安), 려(慮), 득(得)이라고 하는 7가지 단계를 제시하고 있다. 유가 수행의 핵심방법은 마음의 안정과 고요한 생각에 있다. 마음의 안정을 이룬 후에 생각할 수 있고, 고요히 생각한 후에 진리의 도리를 얻을 수 있다. 이러한 이치는 앞서 설명한 모든 수행법에 공통된다.

도를 세상에 펼치는 친민(親民)의 단계로는 격물(格物), 치지(致知), 성의(誠意), 정심(正心), 수신(修身), 제가(齊家), 치국(治國), 평천하(平天下)의 8조목을 제시했다. 여기서 격물치지(格物致知)가 가장 기본이 된다. 어떤 현상을 궁극에 이르도록 파고들어 탐구하다 보면, 어느 순간 사물의 이치가 드러나는 법이다. 바른 이치를 가지고, 뜻을 성실히 한 후에, 마음을 바르게 하고, 몸을 닦을 수 있다. 그런 연후에 집안을 바로 잡고, 나아가 나라를 다스리고, 크게는 천하를 평안하게 할 수 있다.

노자의 생명지혜

노자는 평생 동안 《도덕경》한 권만을 남겼다. 노자의 도(道)를 한 마디로 정의하면 무위(無爲)라고 할 수 있다. 무위자연에는 인위적인 어떤 표현이나 관념도 개입할 수 없다. "도를 도라고 하면, 영원히 변함없는 도가 아니다."《도덕경》라는 노자의 말씀에 무위의 뜻이 잘 표현되어 있다.

공자가 선입견 없는 빈 마음을 중시했듯이. 노자도 빈 마음을 수행의 핵심으로 보았다. 빈 마음을 지극히 하여, 고요함이 끊임없이 이어지면, 영원한 생명이 회복된다는 것이 노자의 관점이다. 노자의 수행법은 표현만 다를 뿐 공자의 수행법과 큰 차이가 없다. 노자 또한 역(易)의 이치를 잘 알고 있었기 때문이다.

노자가 험난한 세상에서 자신의 생명을 지킨 비결은 세 가지다.

첫째는 자애이고, 둘째는 검소이며, 셋째는 감히 세상 앞에 먼저 나서지 않는 겸양의 태도다. 노자의 말씀처럼, 자애의 정신이 있으므로 용감하고, 검소하기 때문에 널리 베풀고, 겸양의 정신으로 경솔하게 나서지 않기 때문에 큰 그릇을 이룰 수 있었다.

노자의 무위는 빈 그릇과 같다.

비었으므로 채울 수 있는 쓰임이 있다. 현상의 쓰임이 유익한 것은 본질의 무(無)에서 비롯한 것이다. 세속적인 학문은 지식을 쌓아가는 것이라면, 도를 닦는 것은 덜어내는 일이다. 궁극에 이르도록 덜어내면, 무위에 이른다. 무위에 이르면, 할 수 없는 일이 없게 된다. 이 점은 물질과학의 한계를 정신과학으로 극복할 수 있는 근거이기도 하다.

무위의 또 다른 핵심은 부드러움에 있다.

세상은 강한 것을 추구하지만, 오히려 부드러운 것이 견고한 것을 이기는 법이다. 부드러움을 유지하는 것은 생명의 길이고, 강함을 추구하는 것은 죽음의 길이다. 이제 막 태어난 갓난아기는 가장 부드러운 생명력을 지니고 있다. 노자는 갓난아기의 부드러움을 회복하는 것이 생명의 근원으로 가는 길이라고 보았다. 마치 가장 부드러운 허공은 이르지 못하는 곳이 없듯이, 무위의 부드러움은 진리의 본체로 가는 데 아무런 장애가 없다.

한편 무위자연은 어떤 존재를 특별히 사랑하지 않는다.

대자연의 섭리는 걸림이 없기 때문에, 부드러울 뿐이다. 현실에서 섭리가 구현되는 방식은 거칠다. 착한 인간이라고 특별히 사정을 봐주지 않는다. 인간이 살 길은 오직 천지의 도리를 따르는 길뿐이다. 수행의 이치도 마찬가지다. 부드러움과 격렬함의 모순 사이에서, 조화롭게 헤쳐 나가는 것이 수행의 길이다.

석가의 마음지혜

석가의 말씀은 8만4천의 방대한 설법이다. 아마 현존하는 수행체계 중에서 가장 방대하고 종합적이다. 특히 진리의 궁극에 이르는 마음수행이 잘 정리되어 있다. 여기서는 우리가 일상에서 할 수 있는 수행의 핵심만 애기하겠다.

석가가 깨달은 것은 연기법(緣起法)이다.

진리의 본체는 텅 비어 있지만, 본성은 연기법을 품고 있다. 인연의 결과로 나타나는 현상과 진리의 본체는 다른 것이 아니다. 우리 또한 본성에서 나온 현상이다. 그렇다면 왜 우리는 영원한 진리의 삶을 누리고 있지 못하는가? 현상과 본질을 다르게 느끼는 것은 진리를 보는 밝은 눈이 없기 때문이다.

석가는 연기의 실상을 십이연기(十二緣起)로 설명하고 있다.

십이연기를 잘 이해하면, 수행의 이치를 통달할 수 있다. 12가지 인연의 꼬리가 서로 상승작용을 하면서, 끊임없는 불행의 씨앗을 낳고 있다.

생멸하는 존재는 모두 인연으로 생겨나고, 인연이 다하면 소멸한다. 어리석은 무명(無明), 생명의 작용인 행(行), 의식작용인 식(識), 마음과 몸인 명색(名色), 6개의 감각 뿌리가 심신에 들어오는 육입(六入), 6감각과 그 대상이 만나는 촉(觸), 감각작용인 수(受), 갈망인 애(愛), 욕망에 대한 집착인 취(取), 업의 존재형태인 유(有), 태어나는 생(生), 그리고 늙고 죽는 노사(老死)가 꼬리를 물고 생겨난다.

십이연기를 앞으로 뒤로 깊이 반추해 보는 것이 생명의 근원에 이르는 수행의 한 방법이다. 십이연기의 고리가 불행의 원인이기도 하지만, 온전한 행복으로 가는 발판이 되기도 한다는 사실을 깨달을 수 있다.

십이연기 중에서 수행의 핵심은 갈망(愛)과 집착(取), 생명의 작용(行), 그리고 무명(無明)에 있다. 기본적으로 수행을 통해 애취(愛取)를 끊는 것이 큰 과제다. 생명의 작용인 행(行)을 멈추게 하는 것은 극도로 힘들다. 기수련을 통해 오를 수 있는 경지는 여기까지다.

마지막 최종관문은 모든 업(業)의 근본인 무명을 밝히는 일이다. 무명의 종자인 번뇌를 지혜로 전환하는 일은 반야의 지혜를 증득해야 가능하다.

석가는 무명의 중생을 깨우치기 위해 단계적인 접근법을 사용했다. 설법 초기와 후기의 내용이 다르다. 처음부터 최고의 도리를 전할 수 없어, 초기에는 무상(無常), 무아(無我), 고(苦). 공(空)을 통해 연기의 도리를 일상의 삶속에서 체득하게 했다.

석가가 제시한 수행의 기본 방향은 무명에 덮인 기존의 나(我)를 버리는 무아(無我)에서 시작하여, 진정한 나를 찾는 과정 속에서 무가아(無假我)를 깨닫고, 진아(眞我)를 증득해 나가는 것이다.

석가는 생사고통의 인연을 풀어가는 방법으로 팔정도(八正道)를 제시했다. 바른 견해인 정견(正見), 바른 생각인 정사(正思), 바른 말인 정어(正語), 바른 행동인 정업(正業), 바른 생명활동인 정명(正命), 바른 정진인 정정진(正精進), 바른 의식 상태인 정념(正念), 바른 선정인 정정(正定)이다.

팔정도에서 제일 중요한 것은 정견(正見)이다.

우주의 대법칙인 연기법에 대한 바른 이해가 갖춰져야, 나머지 수행을 바르게 할 수 있다. 그러나 문제는 의식이 흐린 상태에서는 바른 지견을 갖출 수 없다는 데 있다. 따라서 처음에는 성현들의 말씀을 통해 입문하는 것이 바람직하다. 팔정도를 닦아나가며, 무명을 밝히는 여덟 가지 바른 길이 서로 상승작용을 일으킨다. 이 과정을 반복하면서, 점차 의식을 밝히고 정견을 완성해가면 된다.

팔정도를 현대적으로 재해석할 필요가 있다.

정견을 통해, 일상의 연기법과 무명을 제대로 알고, 인간의 생사 번뇌가 유래한 십이연기를 이해하도록 교육시킨다. 정사, 정어, 그리고 정업은 바른 삶의 기본적인 요소다. 생각과 말과 행동을 바르게, 즉 연기적 상황과 무명이 조화되게, 일상의 삶속에서 실질적으로 대중을 교육시킬 수 있는 교육시스템을 갖추어야 한다.

정명은 정사, 정어, 그리고 정업을 통해 우리의 삶이 완성되는 단계다. 따라서 정명에 이르면, 소위 인격이 완성돼 주체적인 삶을 누림과 동시에 개인과 사회의 관계의 망 속에서 자신의 사회적 관계로서의 역할을 충실히 할 수 있는 단계에 이를 수 있다.

정정진부터는 집중적인 수행의 단계라고 볼 수 있다.

인간은 사회적 역할로 만족할 수 없는 존재다. 인간의 진정한 해탈은 모든 번뇌와 생로병사로부터 매임이 없이 해방되는 데 있다. 그러기 위해서는 전문적 집중수행과정을 거칠 수밖에 없다.

정정진을 통해 연기적으로 회통된 바른 삶이 유지되도록 불굴의 정신으로 정진한다. 정념을 통해 생각과 말과 행동 속에 투영된 바른 삶이 저절로 구현될 수 있도록 한다. 그리고 마지막 정정을 통해 위없는 평등한 지혜를 증득하여, 개인과 사회가 함께 열반으로 나아갈 수 있도록 해야 한다. 물론 실현 불가능한 것처럼 보이지만, 깨달음은 발심하는 순간에 있다는 인과의 이치를 따르면 된다. 수행의 인연이 성숙되는 어느 순간 깨달음의 꽃이 필 것이다. 불가능 속에 가능성이 잠재되어 있다.

석가는 방편의 도리를 통해 진리에 이르도록 했다.

석가는 열반에 가까워지자, 초기에 설한 무상(無常), 무아(無我), 고(苦). 공(空)은 방편이고, 궁극의 이치는 정반대로 상(常), 락(樂), 아(我), 정(淨)이라고 말씀했다. 진공(眞空)에서 묘유(妙有)가 나오는 중도실상(中道實相)이 석가의 결론이다. 중도의 도리로 궁극에 이르면, 연기적 현상이 진리의 실상이 된다. 중도를 증득하면, 이 몸 이대로 진실한 삶을 누릴 수 있다는 것이다.

완전한 대자유의 몸체를 얻는 것은 위없는 진리를 증득해야 가능하다. 이것을 가장 압축적으로 표현하고 있는 것이 《반야심경》이다. 이 경전은 고해의 세상을 넘어 피안의 세계로 가는 대지혜를 설한 《마하반야바라밀경》을 260자로 줄인 것이다. 자세한 내용은 이미 《공자 노자 석가 예수를 관통하는 진리》에서 밝혀 놓았다. 그것을 참고하기 바란다.

반야의 지혜를 얻는 방법은 불교의 유식학이 가장 자세하고 깊이가 있다. 그 부분은 이 책의 한계를 넘어가므로, 훗날을 기약할 수밖에 없다.

예수의 믿음지혜

예수는 석가 못지않은 수행자였다.

그러나 지금은 예수의 수행체계는 거의 남아있지 않고, 믿음만이 강조되어 있다. 불교의 최고 경전인 《화엄경》에 나오는 "믿음이 바로 도의 근원이요, 공덕의 어머니다."라는 말씀에 비추어 볼 때, 예수에 대한 바른 믿음은 진리에 이르는 길이 될 것이다.

문제는 바른 믿음이다.

그것은 예수의 말씀 속에 있는 도리를 바르게 이해하는 데서 시작한다. 예수는 하늘의 뜻을 실천하는 사람만이 하늘나라에 들어갈 수 있다고 분명히 말씀했다. 따라서 예수에 대한 믿음은 바른 실천에 있다.

바른 믿음이 있는 지 여부는 행동을 보고 알 수 있다.

이 점에서, 공자와 예수는 같은 말씀을 했다. 어떤 사람에 대한 평가는 그 사람의 삶의 궤적을 보면 알게 된다. 진리를 추구하는 사람과 물질만을 추구하는 사람은 삶이 지향하는 길이 다르다. 모든 성인이 공통적으로 물질보다는 정신을 강조했지만, 사실 중요한 것은 물질을 대하는 우리의 자세와 태도라고 할 수 있다.

진리에 이르면 공자, 노자, 석가, 그리고 예수의 말씀이 하나의 이치임을 알게 된다. "마음 가는 대로 해도 법도에 어긋나지 않는다."《논어》는 공자의 말씀, "도는 언제나 함이 없으면서 하지 않음이 없다."《도덕경》는 노자의 말씀, "머물지 않는 마음을 내야 한다."《금강경》는 석가의 말씀, 그리고 "진리가 너희를 자유롭게 할 것이다."<요한복음8:32>고 한 예수의 말씀은 모두 대자유를 의미하는 같은 도리를 설파하고 있다. 공자, 노자, 석가, 그리고 예수의 말씀은 모두 모든 구속에서 벗어나서 진리의 삶을 살 것을 주문하고 있다.

진리는 모든 사람에게 평등하다. 진리가 어떤 특정한 관념, 표현, 종교, 민족 등에 한정되어 있다면, 성인들이 공통적으로 말씀한 대자유의 도리에 맞지 않을 것이다. 예수는 진리에 대한 믿음에 어떤 제한도 두지 않았다. 이 점에서, 예수는 종교적 배타주의를 경고한다.

> 너희는 하늘나라의 문을 닫아 놓고는 사람들을 가로 막아서서 자기도 들어가지 않으면서 들어가려는 사람마저 못 들어가게 한다.<마태복음23:13>

진리의 세계는 대자유의 세계다. 어떤 구속도 있을 수 없다. 우리를 옭아매는 모든 구속은 우리가 만든 것이다. 따라서 그 구속은 우리가 없애야 한다. 누가 대신 해줄 수 없다. 모든 성인들이 모범을 보인 것은 모든 사람들이 그것을 본 받아 진리의 세계로 가길 진실로 바랐기 때문이다. 예수의 말씀 속에는 수행의 길이 있다.

> 내가 너희에게 한 일을 너희도 그대로 하라고 본을 보여 준 것이다.<요한복음13:15>

하늘의 섭리는 인과응보의 법칙이다. 이것은 누구도 예외가 없다. 공자, 노자, 석가, 그리고 예수 모두 같은 이치를 말씀했다. 인과의 사슬에서 벗어나 대자유의 진리의 세계로 가는 유일한 길은 중도의 정신이다. 그 정신은 예수의 말씀에서도 잘 나타난다.

> 너희는 남에게서 바라는 대로 남에게 해주어라. 이것이 율법과 예언서의 정신이다.<마태복음7:12>

예수의 말씀을 특별히 황금률이라고 부른다. 표현만 다르지, 황금률의 정신은 중도와 다르지 않다. 작용과 반작용이 상호작용하는 현상세계에서 갈등과 충돌을 예방하는 길은 중도의 황금률을 지키는 것밖에 없다.

삶 속에서 중도를 이루는 방법으로 예수는 어린아이처럼 행동할 것을 주문했다. 예수가 한 말씀의 근본 취지는 노자나 석가의 말씀과 다르지 않다. 모두 어린이의 순수함과 온유함이 진리를 받아들일 수 있는 기본 자질이라는 것을 의미한다. 순수함을 지혜로 지켜나가고, 온유함을 사랑과 자비로 확대하면, 세상에 진정한 평화가 구현된다.

진리에 이르고자 한다면, 영적으로 새롭게 태어나야 한다.

영적으로 태어나는 일은 예수에 대한 바른 믿음을 일상 속에서 실천하는 것에서 비롯된다. 바른 믿음을 실천하는 것이 바로 수행이다. 수행을 통해서 영성을 회복할 수 있다. 영성은 표현만 다르지, 불성이나 본성과 다르지 않다. 우리가 우주의 근본정신을 회복하면, 모든 종교가 꿈꾸는 지상천국이 도래할 것이다.

천부삼경의 통합지혜

천부삼경(天符三經)은 고대 우리 조상의 선도(仙道) 수행법이 담겨있는 경전이다. 이것은 수행문화를 생활의 도리로 삼은 단군의 수행체계다. 천부삼경은 《천부경》, 《삼일신고》, 그리고 《참전계경》을 총칭하는 말이다. 천부삼경의 말씀은 우주의 근본으로 돌아가는 원리와 방법에 관한 것이다. 천부삼경을 처음 접하는 사람은 이해하기 어려우므로, 이 부분은 가볍게 읽는 것이 좋다. 나중에 정독하면 차차 이해가 된다.

천부삼경 속에는 모든 수행체계를 통합하는 지혜가 있다.

천부삼경 속에 내재한 통합 수행체계를 최초로 인식한 사람은 앞서 언급한 고운 최치원이다. 최치원이 쓴 난랑비서(鸞郎碑序)를 보면, 천부삼경에 모든 수행법의 핵심이 있음을 알 수 있다. 천부삼경의 내용 중에서 수행에 관련된 핵심 내용만 살펴보겠다.

《천부경》은 암호 같은 숫자로 우주의 변화원리를 풀어놓았다.

영원히 순환하고 반복되는 우주의 대법칙에는 일정한 규칙이 있음을 암시하고 있다. 최치원이 묘향산 석벽에서 발견한 《천부경》은 81자로 이루어진 매우 짧은 경전이다. 이것은 묘하게도 《도덕경》 81장과 숫자가 일치한다.

우주를 구성하는 세 가지 큰 요소는 하늘(天), 땅(地), 그리고 인간(人)이다. 여기서 인간은 모든 생명을 대표한다. 우주의 근본에서 나온 만물은 변화를 반복하다가, 때가 되면 근본으로 다시 돌아가는 이치가 짧게 압축돼 있다. 그 중에서도 우리가 이해할 수 있는 핵심만 보자.

> 하나가 묘하게 변화를 일으켜 수없이 오고 가지만, 작용은 변해도 근본은 변화가 없다. 《천부경》

하나에서 비롯된 우주가 수없는 변화를 일으키며 순환하지만, 도(道) 자체는 변화가 없다. 생로병사의 인연 고리를 끊을 수 있는 근거가 되는 《천부경》의 근본 이치는 공자, 노자, 석가, 그리고 예수의 말씀과 다르지 않다.

> 본심은 근본 태양처럼 위없는 밝음이니, 사람 가운데 천지
> 인이 하나를 이룬다.《천부경》

우리가 인연의 고통을 끝내는 유일한 길은 본심(本心)의 태양 같
이 밝은 지혜 광명(光明)을 회복하는 것이다. 인연의 고리를 역으로
돌이켜, 우리는 본심으로 돌아갈 수 있다. 그러므로 인연이 각성의
고통이자, 깨우침의 좌표라고 할 수 있다. 석가가 십이연기를 반대
로 타고 올라가, 진리의 세계로 인도한 것과 똑같다.

《삼일신고》는 인간의 몸과 마음을 정화시켜 참된 생명으로 만
들고, 이 몸 그대로 진리의 근원에 이르는 방법을 전하고 있다. 수행
의 핵심이 되는 내용만 살펴보겠다.

참된 인간은 성명정(性命精) 삼진(三眞)을 온전히 갖고 있다.

그러나 본성을 잃은 인간은 심기신(心氣身)이라는 삼망(三妄)에
서 헤매고 있다. 온전한 생명인 삼진은 헛된 생명인 삼망과 대치되
는 개념이다. 용어에 너무 집착할 필요는 없다. 그 말이 뜻하는 바가
중요하다. 종교마다 이론마다 다른 용어로 그 뜻을 대신할 수 있다.

미혹에 쌓인 마음(心)을 깨면, 참마음인 본성(性)을 회복한다. 인
간의 혼탁한 기운(氣)을 정화시키면, 참기운의 명(命)을 회복한다.

감각에 사로잡힌 몸(身)을 정화시키면, 순수한 몸인 정(精)을 회복한다.

우리는 본래 참된 영혼, 참된 생명의 에너지, 그리고 참된 몸을 받았지만, 온전히 쓰고 있지는 못하다. 우리의 몸과 마음은 균형을 상실해서 조화를 이루고 있지 않다. 혼탁한 몸과 마음을 정화시켜 본심을 회복하자면, 세 가지를 주의해야 한다. 상중하의 요점을 밝히고 있다.

> 참된 성(性)에는 선과 악이 없으니, 위로 밝게 통하고, 참된 명(命)에는 맑음과 혼탁함이 없으니, 중심에서 밝게 알고, 참된 정(情)에는 후함과 박함이 없으니, 아래로 밝게 지키면, 참됨으로 돌아가 하늘님(檀)과 하나가 되느니라.《삼일신고》

여기서 '위(上)'는 마음(心), '중심(中)'은 기(氣), '아래(下)'는 육체적 쾌락에 빠지기 쉬운 몸(身)을 말한다. 보다 구체적으로 말하면, '위(上)'는 심장, '중심(中)'은 배꼽을 중심으로 있는 신궐혈(神闕穴), '아래(下)'는 생식기관을 의미한다. 이 부분은 전문가마다 다른 해석이 가능한 부분이다. 상중하는 각각 상단전, 중단전, 그리고 하단전으로 볼 수도 있다. 이 점을 참고해서 각자 깨우침을 얻기를 바란다.

심장은 사랑의 마음인 본성(本性)이 거주하는 곳이다. 차별 없이 세상을 사랑하는 자비심은 영성이자 불성이다. 인간의 감정 중에서 가장 큰 것은 사랑과 자비의 마음이다. 대자대비의 마음에 이르면,

영적 전환이 일어난다. 이성적 마음으로는 영적 세계에 이를 수 없다. 이분법의 한계를 벗어날 수 없기 때문이다. 작은 지혜는 이성적 판단으로 기를 수 있지만, 큰 지혜는 큰 사랑으로 얻을 수 있다. 대자대비가 대지혜인 이유가 여기에 있다. 그래서 위를 밝혀야 본심(本心)과 통한다.

인체의 중심에 있는 신궐혈은 한문이 암시하듯이, 모든 신경이 거주하는 곳이다. 배꼽 주변에 있는 신궐혈은 달리 태양신경총이라고 한다. 이것이 바로 원뇌(原腦)이자 복뇌(腹腦)다. 두뇌를 활성화시키려면, 모든 탁한 기운이 모이는 복뇌를 정화시켜야 한다. 기호흡을 통해 신경의 탁한 기운을 정화할 수 있다. 두뇌와 복뇌는 서로 하나로 연결되어 있는 한 몸이다. 때문에 복뇌가 제 기능을 찾으면, 두뇌가 밝게 깨인다. 그래서 중심을 밝게 알아야 한다.

생식기관은 참된 정(精)이 거주하는 곳이다. 이것은 생명의 물과 같다. 원초적 욕망을 대표하는 생식기는 생멸(生滅)의 문이다. 이 점에서, 음욕을 삼가야 한다. 욕화(慾火)는 정을 상하게 한다. 기호흡으로 생명의 기운이 높아질 때, 음욕에 빠지면 일순간에 그동안 쌓은 공덕이 사라진다. 그래서 아래를 밝게 지켜야 한다.

한 가지 흥미로운 점은 원문에 신(神)이 아닌 하늘님 신(神)으로 표현되어 있다는 사실이다. 천부삼경에서 신(神)은 진리 자체의 무형의 신을 의미한다. 노자가 형용할 수 없다고 한 도(道)의 본체다. 진리 자체는 대상화할 수 없다. 대상화하는 순간, 자신의 관념이 개입되어, 자신만의 신을 만들게 된다. 그렇게 되면, 진리가 해체되는 것이다.

신(神)은 우주의 섭리를 실천하는 영적 존재를 의미한다. 진리의 세계에는 무수한 영적 존재들이 있다. 신적 존재들은 섭리를 따르기 때문에, 섭리를 거역할 수 없다. 다시 한 번 더 용어에 집착하지 않기를 바란다. 표현과 관념에 집착하면, 영원한 미혹에서 빠져나올 수 없다.

> 너희 무리들은 미혹에 빠져, 세 가지 망상에 뿌리를 내렸으니, 이는 심(心), 기(氣), 신(身)이다. 심(心)은 성(性)에 의지하나, 선과 악이 있고, 선하면 복을 받고 악하면 화를 받는다. 기(氣)는 명(命)에 의지하나, 맑음과 탁함이 있고, 맑으면 장수하고 탁하면 일찍 죽게 된다. 신(身)은 정(精)에 의지하나, 후(厚)함과 박(薄)함이 있고, 후하면 귀하고 박하면 천하게 된다.《삼일신고》

삼망(三妄)의 심기신(心氣身)은 진리를 보지 못하는 전도된 마음, 혼탁한 생명의 기(氣), 그리고 허망한 몸을 말한다. 전도된 마음은 분별이 있는 마음이다. 선과 악에 대한 분별 정도에 따라 그 대가를 받게 된다.

순수하지 않은 생명의 기운은 그 운영 상태에 따라, 맑음과 탁함의 정도가 달라진다. 기운을 맑게 운영하면 장수하고, 탁하게 운영하면 요절한다. 기가 마음과 몸을 연결하는 중간역할을 한다는 점에서 중요하다.

썩어 없어질 몸은 그 관리 정도에 따라, 후함과 박함이 있게 된다. 후함은 심리와 생리가 균형을 이루고 있는 것이고, 박함은 그 균형이 무너진 상태다. 따라서 몸을 잘 관리하면 귀하게 보이고, 그렇지 못하면 천하게 보인다.

> 삼진과 삼망이 서로 상대하면서 세 갈래 길을 만드는데, 이는 감(感), 식(息), 촉(觸)이고, 이것들이 서로 굴러 열여덟 경계를 이룬다.《삼일신고》

삼진의 성명정과 삼망의 심기신이 완전히 분리된 것이 아니라, 몸과 마음속에 함께 존재한다. 말하자면, 우리가 진짜라고 믿고 있는 가짜 자기인 가아(假我) 속에 진짜 자기, 즉 진아(眞我)가 있다. 뒤섞여 혼탁한 생명의 기운을 맑고 밝게 회복하는 것이 수행의 목표다.

삼진이 삼망 속에 들어와서 본래 청정한 기능을 상실하고, 낮은 육체적 차원에서 작용하는 것이 감정(感), 호흡(息), 접촉(觸)이다. 성명정, 심기신, 그리고 감식촉(感息觸)이 함께 섞여 돌면서 현상의 나를 만들고 있다. 감식촉에는 각기 6경계가 있어서, 총 18경계에서 우리는 헤매고 있는 셈이다.

감식촉이 수행의 기본 관문이 된다.

마음(心)은 감정(感)에 따라 발현된다. 기운(氣)은 호흡(息)에 의존한다. 그래서 보통 기식(氣息)이라고 한다. 몸(身)은 접촉(觸) 대상에 따라 감각이 다르다. 감식촉을 정화하는 것이 천부삼경의 기본 수행체계다.

인간의 몸과 마음은 조화로운 상태가 아니다. 조화와 균형이 깨진 인간은 '나고 자라고 노쇠해지고 병들고 죽는 고통(生長消病歿苦)'을 반복할 수밖에 없다. 따라서 수행의 일대 사업에 들어가서 성통공완(性通功完)을 완수해야, 영원한 생명을 얻을 수 있다. 이제 《삼일신고》의 결론을 보자.

> 밝게 알아라. 허망한 감정을 그치고, 호흡을 고르고, 감각적인 접촉을 금하여, '한 뜻(一意)'이 되어 행하면, 삼망을 돌이켜 바로 삼진에 이르게 되고, 하늘님의 무한한 권능의 기틀을 발현시키느니라. 이것이 바로 '본성을 회복하는 일대 사업을 완수한 것(性通功完)'이니라. 《삼일신고》

본심으로 돌아가는 수행의 핵심은 금촉(禁觸), 조식(調息), 지감(止感)이다. 지감을 통해 기쁨, 두려움, 슬픔, 분노, 탐욕, 그리고 혐오의 여섯 감정이 날뛰지 못하게 한다. 조식을 통해 생각과 호흡을 평정하게 고르는 작업을 한다. 금촉을 통해 소리, 색깔, 냄새, 맛, 음란, 그리고 저속(低俗)의 여섯 가지 접촉 대상을 통제한다.

허망한 감정을 그치고, 고르지 않은 호흡을 조율함으로써 기(氣)

를 바로 세우고, 더불어 감각적인 접촉을 금해서 우리의 몸과 마음을 정화시킬 수 있다. 심신이 정화되면, 우리 안에 구비된 삼진이 스스로 드러난다.

물론 이 과정이 쉽지 않다. 감식촉으로 일어나는 현상들은 사실 망념인데, 이것을 제거하기가 매우 어렵다. 비록 삼망이 고통 속에서 사는 원인이지만, 그것을 정화시키면서 역으로 올라가면 본심에 이르게 된다. 이것이 바로 진리에 이르는 비결이다. 삼망이 삼진에 이르는 관문이다. 석가의 십이연기와 같은 이치다.

'한 뜻(一意)'이 최종 관문이자 수행법이다.

금촉, 조식, 지감이 마지막에는 일의(一意)로 하나가 돼야 한다. 일의는 '한 뜻으로'라는 의미로 풀 수도 있지만, '하나의 뜻'이라고 볼 수 있다. 말하자면, '한 뜻' 자체를 수행으로 삼는 것이다. 내 마음과 일의가 하나가 되는 것은 믿음이 지극해야 가능하다. 일의가 믿음의 수행인 이유다.

금촉은 유교의 생활수행에서, 조식(調息)은 도교의 생명수행에서, 지감(止感)은 불교의 마음수행에서, 그리고 일의(一意)는 기독교의 믿음수행에서 각기 발전했다.

조식은 기수련과 관련된 것이다.

기수련은 도교에서 더욱 발전되었으므로, 앞서 <기호흡>에서 설명한 기수련의 이치를 참고하기 바란다. 지감의 마음수행은 불교에서 극도로 발전했다. 이 책의 여러 부분으로 나누어 다룬 마음수행을 참고하면 된다. 생활수행의 원리와 방법은 유교에서 더욱 발전했다. 다만 금촉의 원초적인 수행법과 일의의 믿음수행이 갖고 있는 근원적 의미는 ≪참전계경≫을 참고하는 것이 좋겠다.

≪참전계경≫은 일상 속에서 하늘의 법도에 맞게 살아가는 방법을 1년이란 천도의 순환주기에 맞춰 366사(事)로 풀어놓았다. 제6사(事)에서 바른 도(道)가 중도(中道)임을 천명하고 있다.

바른 도란 중도다. 중도를 전일하게 지키면, 하늘의 도가 밝게 드러난다.<6사>

≪참전계경≫은 인간이 바른 도리를 통해 천도에 맞게 살도록 가르치고 있다. 천도에 따라 살기 위해서는, 지혜를 완성해야 가능하다. 지혜를 구비하기 위해서는, 먼저 지식을 통달해서 사물의 이치를 파악하는 능력을 길러야 한다. 그리고 지식과 능력이 하늘의 도리에 어긋나지 않고, 널리 세상을 이롭게 하면, 하늘을 감동시키는 덕(德)이 함양된다.

바른 도덕의 완성이 바로 지혜의 완성이 된다. 바른 도덕은 자신을 속이지 않는 것에서 시작한다. 양심이 자신을 지켜보고 있다. 화(禍)에 관한 내용에서 이것을 경고한다.

홀로 자신을 속여 비록 아무도 모른다고 생각하지만, 이미 영(靈)이 마음에 알리고, 마음은 이미 하늘에 알리고, 하늘은 신에게 명령을 내려, 신이 이미 훤히 비춰 내려 보고 계신다.<187사>

원문에서 하늘(天)은 앞서 설명한 무형의 천신(天禠)을 의미한다. 영적 존재인 신(神)은 하늘의 섭리에 따라 행동한다. 우리의 심신에는 신령한 영(靈)이 있기 때문에, 우리의 마음속을 훤히 다 알고 있다. 우리에 내재한 영과 하늘의 섭리는 하나로 연결되어 있다. 몸가짐과 마음가짐을 바로 하면, 우리에게 내재된 신령한 기운이 살아난다. 예수의 믿음지혜를 닦는 원리가 인용문에 잘 표현되어 있음을 알 수 있다.

혼탁한 심신의 때를 닦아 걷어내면, 밝은 광명을 맞이할 수 있다. 석가가 중생을 무명(無明)이라 하고 부처를 광명(光明)이라고 한 이유가 여기에 있다. 우리가 죄를 짓는 근본원인은 바로 이 무명이다. 심신을 닦는다는 것은 바로 무명을 닦는다는 것과 같다.

《참전계경》은 특히 생활수행을 강조하고 있다.

일상의 삶을 바르게 하는 요점은 인간의 욕망을 절제하는 데 있다. 인간의 욕망을 대표하는 것은 구규(九竅), 즉 인체에 있는 아홉 구멍이다. 눈에 둘, 귀에 둘, 코에 둘, 입에 하나, 생식기와 항문에 각각 하나, 총 9개의 구멍을 잘 관리해야 심신을 청정하게 유지할 수 있다.

인간은 아홉 구멍을 통해 온갖 오욕락을 즐기고 있다. 하지만 지나친 탐락으로 생명의 원기를 상실하고 있다. 인체의 구규는 생명을 유지하는 기본 관문이지만, 잘 못 관리하면 생명을 파괴하는 기관이 된다. 195사는 몸 관리를 잘못하면, 어떻게 되는지 알려주고 있다.

> 물욕이 영(靈)을 가리면 구멍이 막힌다. 아홉 구멍이 다 막히면, 금수와 같아진다. 오직 먹을 것을 빼앗는 욕심만 남고, 염치나 두려움은 없게 된다.<195사>

이처럼 생명활동의 기본이 되는 아홉 구멍이 기쁨, 두려움, 슬픔, 분노, 탐욕, 혐오의 육감(六感)에 의해 제멋대로 날뛰면, 마음이 안정될 수 없다. 적당히 욕망을 즐기는 것은 인간에게 불가피한 생존 법칙이다. 그러나 욕심이 과하면, 문제가 발생한다.

특히 음욕을 조심해야 한다.

음란한 행동에 앞서 음심이 발동하면, 이미 욕망의 구멍이 터진 것이다. 욕망이 극에 달하면 어떻게 될까? "욕심이 극에 달하면 음모를 세우지만, 음모로 이루어지는 것은 재앙이다."<217사>라고 경고한다. 하늘의 인과응보는 빈틈없이 작용한다. 결국 '음모의 화살은 반드시 자기로부터 오는 것'<218사>이라고 할 수 있다. 따라서 그 화

(禍)가 크다. "음란함은 몸을 망치는 시작이고, 인륜을 혼탁하게 하는 근원이며, 가정을 어지럽히는 근본이다."<202사>고 경고한다.

욕망이 들끓는 불안한 상태에서는, 하늘의 이치를 알 수 없다. 인간의 아홉 구멍을 청정하게 관리하면, 본심이 서서히 드러나기 시작한다. 그러다 어느 순간 신령한 마음이 홀연히 솟아나면, 본심의 태양 같은 지혜 광명이 미혹의 안개를 없애게 된다. 또한 시작도 없고 끝도 없는 진리의 세계에 들어서면, 티끌 같은 번뇌는 사라진다.

만행으로 완성되는 지혜

무명을 광명으로 전환하는 일은 단순히 정좌수행으로는 불가능하다. 보통 앉아서 천문을 깨달았다고 하는 사람들이 있지만, 그런 사람들을 가만히 보면, 일상의 삶이 도리에 맞지 않는 경우가 허다하다. 깨달음이 삶의 지혜로 아직 전환되지 않았기 때문이다. 온갖 지혜를 얻기 위해서는, 온갖 실천이 필요하다.

이것은 마치 운전에 비유할 수 있다. 우리가 운전을 하려면, 면허를 따야 한다. 가장 먼저 운전의 원리와 교통법규 등을 다룬 시험을 통과하고, 그리고 실제 주행시험에 최종 합격해야 한다. 필기시험에 합격한 것은 수행법의 이치를 깨닫는 것에 비유할 수 있다. 그러나 이론만 안다고 운전을 할 수 없다. 실제로 연습을 해야 하는 것이다. 이것은 삶의 지혜를 체득하는 것에 비유할 수 있다.

또한 면허를 땄다고 운전을 잘 하는 것도 아니다. 실제 도로상황이 시험을 보는 것처럼 안정적이지 않기 때문이다. 초보 운전자가 베스트 드라이버가 되기 위해서는 오랜 경험이 필요하다. 이것은 깨달음을 삶속에서 체득하는 과정에 비유할 수 있다.

시속 1600km로 자전하는 지구의 움직임을 우리는 전혀 인식하지 못한다. 마찬가지로 우리 삶도 쉼 없이 변하고 있지만, 우리는 평소 그 사실을 인식하지 못하고 있다. 삶속에서 자신이 품은 의문을 계속 묻고 토론하고 진리를 탐구하고 체득해야, 쉼 없이 돌아가는 세상의 이치를 깨달을 수 있다. 세상 속에 삶의 이치가 있는 것이다. 삶수행이 중요한 이유다. 삶수행은 만행(萬行)으로 실천되고, 삶의 지혜는 만행으로 완성된다.

지혜를 완성하는 길은 보살도(菩薩道)에 비유할 수 있다. 깨달음을 막 이룬 사람은 보살일지(菩薩一地)에 해당한다. 보살의 마지막 경지인 보살십지(菩薩十地)에 이르려면, 헤아릴 수 없이 많은 보살행(菩薩行)을 해야 가능하다. 보살의 지혜는 삶속의 실천으로 완성된다. 큰 지혜를 얻기 위해서는 무엇보다 먼저 크게 실천하겠다는 원(願)을 세워야 한다.

모든 생명을 품어 안겠다는 기원을 해야 한다.

만행과정에서 겪게 되는 온갖 고통과 시련을 참는 인욕의 정신과

더불어 모든 사람을 평등하게 보는 대자대비의 자비심을 완성해야,
비로소 위없는 완전한 지혜가 완성된다. 성인들이 만행을 하는 이유
가 여기에 있다.

수행 요점정리

- 불행은 근본적으로 어리석은 마음에 있다.
- 어리석음을 밝게 비추는 지혜의 마음을 회복해야 한다.
- 성인들이 공통적으로 밝힌 지혜는 중도, 중용, 황금률이다.
- 의식을 밝히는 유일한 방법은 통합의식으로 깨우는 일이다.
- 수행을 하는 최종 목적은 지혜를 밝히는 데 있다.
- 수행의 원리인 중도는 삶의 원리이자 경영의 원리이기도 하다.
- 중도를 이해하고, 삶수행을 통해 단계별로 체득해간다.
- 많은 이론과 사상이 성인들의 근본정신에서 비롯되었다.
- 성인의 말씀이 전승과정에서 왜곡된 측면이 많다
- 본래의 원초적 정신으로 돌아가는 데 많은 걸림돌이 있다.
- 중도는 이분법적인 개념과 표현으로는 설명이 안 된다.
- 이론의 경계를 넘어 중도의 근본 이치를 깨달아야 한다.
- 중심맥락을 통해 성인의 말씀 속에서 공통의 진리를 이끌어낸다.
- 성인은 표현만 다르지, 중도의 지혜를 말씀했다.
- 중도적 방식을 통해서 단계별로 중도의 실상인 본질에 다가간다.
- 진리의 실상인 중도와 중도의 지혜가 둘이 아니다.
- 역경은 우주변화의 원리를 세상사에 적용한 지혜의 보고다.

- 역은 역술이 아닌 수행의 이치다.
- 자연의 일부인 인간은 자연의 생명변화를 따라야 한다.
- 변화의 원형은 1년 12개월과 24절기로 축소해서 설명할 수 있다.
- 12지지의 변화흐름은 생명과 사회의 변화 흐름에 영향을 미친다.
- 자월(子月)에는 차가운 땅속에서 새로운 생명의 기운이 올라온다. 양기가 미약할 때는 출입을 삼가고, 고요히 양기를 키워야 한다.
- 축월(丑月)에는 양의 기운이 음의 기운을 떨치고 나올 준비를 하고 있지만, 아직 세상에는 음기가 맹위를 떨치고 있다.
- 인월(寅月)에는 땅에는 하늘의 기운인 양기가 충만하고, 하늘에는 땅의 기운인 음기가 가득하다. 수승화강의 생명조화가 있다.
- 묘월(卯月)에는 양기의 기운이 강해서, 강성한 기운에 취해 절도를 지키기 어려운 형국이다. 예로 조절하는 이치가 있다.
- 진월(辰月)에는 양기가 바야흐로 극으로 치닫고 있는 형국이다. 대의명분을 통해 부패를 척결하는 도리가 있다.
- 사월(巳月)에는 양기가 갈 곳이 없다. 변화의 흐름이 바뀌는 단계에서는 천도의 변화에 몸을 맡기고, 올곧음을 지킨다.
- 오월(午月)에는 음이 새로 움텄지만, 위로는 양기가 가득하다. 욕망을 다스려 음양의 조화를 구한다.
- 미월(未月)은 점차 양기가 물러나고 양기가 줄어드는 때이므로, 물러나서 자신을 돌아봐야 생명을 안전히 지킬 수 있다.
- 신월(申月)에는 아래는 음기가 가득하고, 위는 양기가 가득하다. 음양의 교류가 막혀있다. 위기를 인내해야 한다.
- 유월(酉月)은 음의 결실이 있는 때이므로, 감사의 제사는 인간의

바른 도리다. 풍속을 살피는 도리를 지켜야 한다.

- 술월(戌月)에는 음기가 극을 향해 치닫고 있다.

  검소함으로 타락을 예방하는 도리가 숨어있다.

- 해월(亥月)에는 음기가 가득하다. 음이 극에 이르면, 양으로

  전환한다. 마음을 고요히 하고 올곧음을 지키면, 양기가 돌아온다.

- 생명변화의 흐름 상 자시, 묘시, 오시, 유시를 주의한다.

- 특히 자시와 오시를 주의해야 한다.

- 막 생겨난 양기와 음기를 보호해야 음양순환을 원만하게 이룬다.

- 묘시와 유시에는 양기와 음기의 지나친 발동을 자제한다.

- 역의 시간관념은 종시다. 언제나 새로운 시작이 있을 뿐이다.

- 수행도 끊임없는 생명의 도리를 따라야 성공할 수 있다.

- 일상의 삶이 진리의 첫 번째 관문이자 마지막 관문이다.

- 공자의 말씀은 생활의 중도를 이루는 데 중점이 있다.

- 공자가 추구한 학문은 살아가는 도리를 닦고 익히는 학문이다.

  한마디로 삶의 수행이라고 할 수 있다.

- 공자는 어떤 문제든 빈 마음으로 양면을 파악한 후 결론 내렸다.

- 일이관지의 지혜는 충서의 정신에서 나온다.

- 충서는 인(仁)의 정신과 통한다.

- 인은 자신의 잘못을 바로 잡는 데서 시작한다.

- 공자는 누구보다 수행법을 잘 알고 있었다.

- 공자의 법통은 증자와 자사를 거쳐 맹자에게 전해졌다.

- 증자가 쓴 《대학》에 유가의 도학이 잘 정리되어 있다.

- 명덕, 친민, 지선을 통해 대도를 이루기 위해서는 지(知), 지(止),

정(定), 정(靜), 안(安), 려(慮), 득(得)이라고 하는 7가지 과정을 거쳐야 한다.
- 친민의 단계로는 격물, 치지, 성의, 정심, 수신, 제가, 치국, 평천하의 8조목을 제시했다.
- 노자의 도를 한 마디로 정의하면 무위라고 할 수 있다.
- 노자도 빈 마음을 수행의 핵심으로 보았다.
- 빈 마음을 지극히 하여, 고요함이 끊임없이 이어지면, 영원한 생명이 회복된다.
- 노자의 생명 비결은 자애, 검소, 그리고 겸양의 태도다.
- 노자의 무위는 비었으므로 채울 수 있는 쓰임이 있다.
- 학문은 지식을 쌓지만, 도를 닦는 것은 덜어내는 일이다.
- 무위의 궁극에 이르면, 못하는 일이 없다.
- 무위의 또 다른 핵심은 부드러움에 있다.
- 부드러움은 생명의 길이고, 강함은 죽음의 길이다.
- 노자는 갓난아기의 부드러움이 생명근원의 길이라고 보았다.
- 현실에서 섭리가 구현되는 방식은 거칠다.
- 인간이 살 길은 도리를 따르는 길뿐이다. 수행도 마찬가지다.
- 석가가 깨달은 것은 연기법이다. 진리의 본체는 텅 비어 있지만, 본성은 연기법을 품고 있다.
- 석가는 연기의 실상을 십이연기로 설명하고 있다.
- 존재는 모두 인연으로 생겨나고, 인연이 다하면 소멸한다.
- 십이연기를 반추해 보는 것이 수행의 방법이다.
- 십이연기가 불행의 원인이자, 온전한 행복의 발판이다.

- 기본적으로 수행을 통해 애취(愛取)를 끊는 것이 큰 과제다.
- 최종관문은 무명을 밝혀 지혜를 완성하는 일이다.
- 석가는 무명 중생을 깨우치기 위해 단계적인 접근법을 사용했다.
- 초기에는 무상, 무아, 고. 공을 통해 연기법을 체득시켰다.
- 수행은 무아에서 시작하여, 무가아를 깨닫고 진아로 가는 것이다.
- 석가는 인연의 고리를 풀어가는 방법으로 팔정도를 제시했다.
- 팔정도에서 제일 중요한 것은 정견이다.
- 팔정도를 닦아나가며 점차 의식을 밝히고 정견을 완성해간다.
- 정명은 정사, 정어, 그리고 정업을 통해 삶이 완성되는 단계다.
- 정정진부터는 집중적인 수행의 단계라고 볼 수 있다.
- 석가는 궁극의 이치는 상(常), 락(樂), 아(我), 정(淨)이라고 했다.
- 중도의 궁극에 이르면, 연기적 현상이 진리의 실상이 된다.
- 예수는 석가 못지않은 수행자였다.
- 예수에 대한 바른 믿음은 진리에 이르는 길이 된다.
- 문제는 바른 믿음이다.
- 예수에 대한 믿음은 바른 실천에 있다.
- 바른 믿음이 있는 지 여부는 행동을 보고 알 수 있다.
- 공자, 노자, 석가, 그리고 예수는 모두 진리의 삶을 말씀했다.
- 사람들이 본 받아 진리의 세계로 가길 바라는 마음으로,
  모든 성인들이 모범을 보였다.
- 하늘의 섭리는 인과응보의 법칙이다.
- 대자유의 진리의 세계로 가는 유일한 길은 중도의 정신이다.
- 예수의 황금률에서 중도의 정신이 잘 표현된다.

- 어린이의 순수함과 온유함이 진리에 이르는 기본 자질이다.
- 순수함을 지혜로 지켜나가고, 온유함을 사랑과 자비로 확대한다.
- 진리에 이르고자 한다면, 영적으로 새롭게 태어나야 한다.
- 영적으로 태어나는 것은 바른 믿음의 실천에서 비롯된다.
- 영성은 표현만 다르지 불성이나 본성과 다르지 않다.
- 천부삼경은 고대 우리 조상의 선도 수행법이 담겨있는 경전이다.
- 천부삼경 속에는 모든 수행체계를 통합하는 지혜가 있다.
- <천부경>은 암호 같은 숫자로 우주의 변화원리를 풀어놓았다.
- 우주를 구성하는 세 가지 큰 요소는 천지인이다.
- 만물은 변화를 반복하다가, 때가 되면 근본으로 다시 돌아간다.
- <천부경>의 이치는 공자, 노자, 석가, 예수의 말씀과 같다.
- 인연의 고통은 본심의 밝은 지혜 광명을 회복하면 끝난다.
- <삼일신고>는 참된 생명으로 진리에 이르는 방법을 전하고 있다.
- 참된 인간은 본래 성명정을 온전히 받았다.
- 본성을 잃은 인간은 심기신이라는 삼망에서 헤매고 있다.
- 미혹에 쌓인 마음을 깨면, 참마음인 본성을 회복한다.
- 혼탁한 기운을 정화시키면, 참기운의 명을 회복한다.
- 감각에 사로잡힌 몸을 정화시키면, 순수한 몸인 정을 회복한다.
- 천부삼경에서 신(⊠)은 진리 자체의 무형의 신을 의미하고,
  신(神)은 우주의 섭리를 실천하는 영적 존재를 의미한다.
- 혼탁한 몸과 마음을 정화하자면, 상중하의 요점을 주의해야 한다.
- 상중하는 각각 심장, 신궐혈, 생식기관을 말한다.
- 본성이 거주하는 심장을 밝혀야 본심과 통한다.

- 사랑과 자비의 마음이 만인만물을 품으면, 영적 전환이 일어난다.
- 이성적 마음으로는 영적 세계에 이를 수 없다.
- 큰 지혜는 큰 사랑으로 얻을 수 있다.
- 모든 신경이 거주하는 신궐혈을 밝혀야 두뇌가 활성화된다.
- 인체의 탁한 기운은 기호흡으로 정화시킨다.
- 생식기관를 밝게 지켜야 참된 정(精)이 유지된다.
- 원초적 욕망을 대표하는 생식기는 생멸의 문이므로 잘 지킨다.
- 육체적 차원에서 삼망의 작용이 감정, 호흡, 접촉이다.
- 기가 마음과 몸을 연결하는 중간역할을 한다.
- 감식촉이 수행의 기본 관문이 된다.
- 지감을 통해 감정이 날뛰지 못하게 하고, 조식을 통해 생각과
  호흡을 평정하게 고르고, 금촉을 통해 접촉 대상을 통제한다.
- 삼망이 고통의 원인이지만, 본심에 이르는 관문이 된다.
- '한 뜻'이 최종 관문이자 또 다른 수행법이다.
- 마음과 일의가 하나 되는 것은 믿음이 지극해야 가능하다.
- 금촉은 유교의 생활수행에서, 조식은 도교의 생명수행에서,
  지감은 불교의 마음수행에서, 그리고 일의는 기독교의 믿음수행에
  서 각기 발전했다.
- <참전계경>은 하늘의 법도에 맞게 살아가는 방법을 1년이란
  천도의 순환주기에 맞춰 366사(事)로 풀어놓았다.
- 바른 도가 중도(中道)임을 천명하고 있다.
- 욕망을 대표하는 구규, 즉 인체의 아홉 구멍을 잘 관리한다.
- 생명활동의 아홉 구멍이 날뛰면, 마음이 안정될 수 없다.

- 특히 음욕을 조심해야 한다.
- 무명을 광명으로 전환하는 일은 정좌수행만으로는 불가능하다.
- 수행은 운전에 비유할 수 있다.
- 필기시험 합격은 수행법의 이치를 깨닫는 것에 비유된다.
- 실제로 운전하는 과정은 깨달음을 체득하는 과정에 비유된다.
- 의문을 품고 진리를 탐구해야, 세상의 이치를 깨달을 수 있다.
- 삶수행은 만행으로 실천되고, 삶의 지혜는 만행으로 완성된다.
- 지혜를 완성하는 길은 보살도에 비유할 수 있다.
- 큰 지혜를 얻기 위해서는 크게 실천하겠다는 원을 세워야 한다.
- 모든 생명을 품어 안겠다는 기원을 해야 한다.
- 대자대비의 자비심을 완성해야, 위없는 완전한 지혜가 완성된다.

10

웰에이징을 위한 수행문화

10

웰에이징을 위한 수행문화

우리나라는 고령화 사회로 접어들었다. 사회가 급속도로 늙어가고 있다. 노인은 늘고 있는데, 젊은이는 감소하고 있다. 더욱이 결혼을 기피하는 젊은이들이 점점 늘고 있다. 멀리 볼 것도 없이 내 주변만 봐도, 40대 후반, 심지어 50대 초반인데도 결혼하지 않은 친구들이 많다. 요즘 젊은이들은 결혼을 해도 애를 하나만 낳거나, 아예 애를 갖지 않는 부부도 늘고 있다.

우리사회에 인구문제가 심각한 데는 많은 이유가 있다. 피상적으로 드러난 가장 큰 원인은 경제적인 문제다. 그러나 심층적으로 파고들어가 원인을 자세히 살피면, 복합적인 문제들이 서로 얽혀있음을 알 수 있다.

꼬인 실타래를 풀어내려면, 가장 핵심적인 중심을 잡아야 한다.

나는 그것을 정신문화라고 생각한다. 정신문화의 핵심은 수행문화라고 할 수 있다. 앞서 보았듯이, 삶을 떠나서 수행이 따로 없다. 오래 사는 것보다 중요한 가치는 잘 늙어가는 일이다. 웰에이징(Well-aging)은 수행문화로 지속가능하다. 우리의 삶이 수행으로 승화되면, 인구문제, 경제 불균형의 문제, 환경문제, 교육문제 등 복합적인 문제로 야기되는 모든 고통을 근원적으로 해소할 수 있을 것이다.

수행문화의 전통회복

어느 시대나 물질이 풍부해지면, 정신이 해이해지기 마련이다. 사회풍속이 저속해지고 도덕이 문란해지면, 그동안 어렵게 쌓았던 문물(文物)도 빠르게 흩어지게 된다. 시대를 선도한 많은 나라들이 그러한 전철을 밟아왔다. 대제국을 이룬 나라도 결국 도덕이 무너지면서 망했다. 우리는 현재 선진국의 문턱을 막 넘어가려는 때에 있다. 하지만 사회적 불균형과 도덕적 해이가 너무 심해서 문턱을 넘기가 쉽지 않을 것 같다. 이 위기를 어떻게 극복할 것인가?

에머슨의 통합정신은 당면한 문제를 해결할 실마리가 된다.

앞서 출간한 ≪경계를 넘어 통합을 보다≫에서 밝혔듯이, 현재의 미국도 19세기에 그러한 위기가 있었다. 그 위기를 넘길 수 있었던 것은 정신적 각성이 있었기 때문이다. 에머슨이 동서의 종교와 철학을 한데 통합해서 미국적 사상으로 승화시킨 덕에, 미국은 독특한 융합문화를 꽃피울 수 있었다. 에머슨의 융합정신으로 이질적인 문화와 민족이 한데 뭉쳐 지금의 미합중국을 건설할 수 있었다.

또 한 가지 실마리는 유대민족의 교육정신이다.

유대민족이 수천 년 동안 세계 각지를 떠돌며 살았지만, 민족성을 다시 회복한 원동력은 유대인의 정신문화와 교육에 있다. 유대인의 교육 중에서 가장 독특한 것 중의 하나는 예시바(Yeshivah)다. 이것은 유대인의 전통적인 교육기관이다. 유대인 남자들은 결혼한 이후에 곧바로 예시바에 1년 동안 들어가서 공부한다.

이때가 그들에게는 일종의 집중수행 기간인 셈이다. 모세 오경이라 불리는 토라와 생활경전인 탈무드를 학습하고 토론하며, 그들은 유대인의 가치를 체득한다. 이 기간 동안에 교육과 생활에 소요되는 비용은 모두 유대인 공동체가 지불한다. 유대인은 예시바로 대표되는 교육을 통해 전체 유대민족을 하나로 묶는 정신문화를 확고하게 다지고 있다.

우리는 이스라엘보다 찬란한 정신문화의 전통이 있다.

우리민족은 본래 수행의 민족이었다. 고조선 시대의 단군은 수행문화를 통해 정치를 한 왕을 통칭한다. 단군은 도인정치(道人政治)를 대표한다고 볼 수 있다. 공자의 도맥(道脈)을 이은 맹자가 꿈꾸던 왕도정치가 이미 고조선에서 크게 꽃을 피운 것이다.

고조선의 수행체계는 천부삼경에 근거한다.

앞서 보았듯이, 천부삼경의 선도(仙道) 수행법은 모든 종교를 포괄하는 수행체계를 내포하고 있다. 그러나 안타깝게도 단군의 선도 문화는 거의 맥이 끊겨있다고 해도 과언이 아니다.

현재 남아있는 천부삼경은 고대 수행문화의 일부에 불과하다. ≪천부경≫은 지나치게 암호화되어 있어서, 보편성을 갖기 힘들다. 학자나 수행자마다 각기 다른 시각으로 암호를 해독하고 있는 실정이다. 각자 나름 일리가 있는 내용이지만, 어느 것이 옳은지 알 길이 막막하다. 다만 만트라와 같은 염송 수행법으로는 가치가 매우 크다.

≪삼일신고≫는 앞서 보았듯이 모든 수행을 통합하는 수행체계를 보이고 있다. 366자의 압축된 표현으로 수행을 완성하고 본심을 회복하는 도리를 설명하고 있다, 그러나 지금까지 전해진 내용은 너무 함축적이고 추상적이다. 구체적인 수행의 단계와 방법에 관한 설명이 부족하기 때문에, 초보 수행자가 접근하기 힘들다.

≪참전계경≫은 천부경과 삼일신고의 내용을 설명하는 내용들을 담고 있어서, 나머지 두 경(經)을 보완하고 있다. 전반적으로 일상의 수행에 관한 귀감이 되는 말씀이 들어 있지만, 이 경전이 통용되던 시대와 지금의 시대 상황은 너무 다르다. 시대에 맞지 않는 내용은 보편성을 띄기 힘들다.

더구나 천부삼경의 수행체계는 현재 안타깝게도 여러 갈래로 흩어졌다. 그래서 본래 모습을 찾기 더욱 힘들다. 여러 분파들이 서로 정통성을 주장하기 때문에, 갈등만 심화될 뿐이다. 흩어진 전통수행문화를 다시 한데 모으고, 수행문화의 전통을 다시 세워야 할 때다.

통합된 수행문화를 회복하는 합리적인 길은 유교, 도교, 불교, 기독교 등 현존하는 모든 종교의 핵심사상을 하나로 연결하고, 보편정신을 도출하는 데 있다. 천부삼경의 수행체계가 그 중심역할을 할 수 있다. 이 과정에서 쭉정이는 사라지고, 핵심 알맹이만 남게 될 것이다. 동서융합시대에 맞게 모든 종교사상을 통섭하는 보편정신으로, 새롭게 정신문화의 전통을 회복하는 것이 바람직하다.

웰에이징 시대의 생활예방의학, 수행

우리는 100세 시대를 살고 있다. 그러나 장수의 실상을 알면, 그렇게 긍정적인 것만은 아니다. 근대화 이후에 평균수명이 증가한 가장 큰 요인은 사실 유아사망률이 현저히 줄어든 덕분이다. 의료 환경이 크게 개선되었기 때문이다. 더불어 육체와 정신의 노동을 줄여주는 기계장치와 첨단 전자기기가 한몫하고 있다.

그러나 평균수명이 증가했을 뿐, 진실로 건강하고 행복하게 오래 사는 사람은 거의 없다. 의료에만 의지해서, 생명을 오래 연장하는 삶은 수행의 입장에서는 의미가 없다. 늙어서 죽을 때까지 자신을 늘 성찰하며, 인격을 완성해가는 삶이 존재의 가치가 있다. 오래 살 뿐 맑은 정신이 없는 인간은 식물인간이나 다를 것이 없다.

맑은 정신으로 오래 살 수 없을까?

성서나 경전의 기록을 보면, 태초의 사람들은 길게는 천 년을 넘게 건강하게 살았다고 한다. 선도(仙道)의 수련을 지극히 한 도인들의 일화 중에서 몇 백 년을 또렷한 의식과 강한 체력을 유지하며 산 사람에 관한 기록도 있다. 그들이 심신의 활력을 잃지 않고, 오래 장수할 수 있었던 비결은 어디에 있을까? 그들은 오랫동안 수행을 생활화했기 때문이다.

수행은 최고의 생활예방의학이다.

대부분의 병은 생활습관이 안 좋기 때문에 생긴다는 것은 이미 잘 알려진 사실이다. 몸과 마음과 삶이 총체적으로 균형을 잡아야, 건강을 유지할 수 있다, 앞서 본 것처럼, 건강의 원리는 수행의 원리와 동일하다.

병이 난 이후에 의료시설에 가는 것은 어리석은 일이다. 현명한 사람은 병이 생기기 전에, 예방하는 법이다. 일상 속에서 불균형을 야기할 수 있는 요소들을 미리 제거하고, 균형을 회복하는 일이 건강을 오래 유지하는 길이다.

사람들은 행복의 비결을 특별한 곳에서 찾는 경향이 있다. 그러나 수행의 비결이 따로 없듯이, 행복하게 늙어가는 비결도 특별하지 않다. 앞서 설명한 수행의 방법들을 일상에서 실천하는 것이 행복하게 늙어가는 비결이다.

수행은 편안함에 이르는 길이다.

수행이 만약 고통스럽게 느껴진다면, 그만큼 내 몸과 마음과 삶이 편안하지 않다는 증거가 될 것이다. 삶의 불균형으로 인한 고통을 이겨내는 과정에서 절제와 금욕이 필요하지만, 그 단계를 넘어가면, 편안하고 행복하게 인생을 즐기면서 수행을 할 수 있다. 장자가 누린 소요(逍遙)의 삶을 일상에서 즐길 수 있는 것이다.

수행문화로 사회문제 해결

지금 지구촌은 환경문제, 식량문제, 그리고 민족, 종교, 국가 간 갈등 등으로 몸살을 겪고 있다. 더욱이 평균수명이 증가함에 따라 세대 간, 계층 간 갈등도 만만치 않다. 갈등의 밑바닥에는 경제구조의 불균형이 있다. 그러나 심층적인 근원에는 무엇보다 도덕과 정신의 타락이 있다. 우리나라도 예외가 아니다.

그동안 인류는 정신없이 물질을 추구해왔다. 그것은 인류사회의 잦은 분쟁이나 기근 등으로 생존의 문제가 무엇보다 중요한 가치였

기 때문이다. 덕분에 인류는 물질문명을 극도로 발전시켜왔다. 우리 사회도 산업사회의 시류를 타고 기적이라고 불릴 정도의 경제발전을 이루었다. 덕분에 먹고 사는 문제는 어느 정도 해결되었다. 내가 어릴 적만 해도 보릿고개라는 말을 많이 들었다. 식량사정이 좋아진 지가 그리 멀지 않다.

물질적 발전을 이루면 행복할 것 같았지만, 실상 그때나 지금이나 불행한 것은 마찬가지인 것 같다. 불행의 원인이 다를 뿐이다. 그때는 절대적 빈곤으로 불행했다면, 지금은 상대적 빈곤으로 온 사회가 고통스럽다. 오히려 심리적 갈등과 고통은 지금이 그때보다 더 크다.

물질만능주의가 극에 이르자, 온갖 병폐가 만연하고 있다.

한때 최고의 정신문화를 자랑하던 우리사회도 예외는 아니다. 정신이 병든 현대 사회의 문제점을 어떻게 해결할 것인가가 이 시대의 화두라고 할 수 있다. 시대의 문제를 풀기 위한 많은 대안과 이론들이 나오고 있지만, 그 어느 것도 근본적인 해결을 하고 있지 못하고 있다.

한때 전 세계의 모든 민족과 문화를 받아들이고 융합한 미국도 이제는 그 빛을 잃어가고 있다. 현재의 미국은 제국주의의 말로를 답습하는 경향을 보이고 있다. 이스라엘을 건설한 유대민족도 훌륭한 정신문화를 가지고 있지만, 아무리 좋은 민족정신이라도 배타적인 선민사상으로는 인류사회의 갈등을 해결하는 데 한계가 있다.

서로 다른 관점에서 각자의 이익을 추구하기 때문에, 전 세계에서 갈등이 극에 이르고 있다. 더욱이 서로가 그 책임을 다른 이에게 전가하고 있다. 서로가 서로를 죽이지 못해 안달하고 있다. 그로 인해 고통을 참을 수 없을 정도다.

우리사회도 그동안 물질적 성장에 집중한 나머지, 나만 잘 살면 된다는 착각에 사로잡혔다. 우리의 교육도 성과중심의 엘리트교육이 주요 목표가 되어서, 물질과 정신, 인간과 자연, 개인과 개인, 그리고 개인과 사회의 바른 관계, 즉 균형을 상실했다.

그 결과, 크게는 사회의 모순, 작게는 개인의 모순이 생겼다. 크고 작은 인과가 서로 얽혀있기 때문에, 우리가 느끼는 고통을 한꺼번에 해결할 수는 없다. 그렇다고 나만 괜찮으면 좋겠다는 안일한 생각으로 방치할 수도 없다. 왜냐하면 사회의 고통이 참을 수 있는 임계점을 넘어가게 되면, 사회가 붕괴되고 나의 행복도 파괴될 것이기 때문이다. 개인의 고통이 확대되면, 사회의 고통이 된다. 따라서 그 해결책도 다르지 않다. 고통을 역으로 전환하는 용기가 필요하다.

이제 수행문화가 보편적 가치로 필요한 시대가 되었다.

물론 예전부터 생존의 근본 도리로서 정신적 가치를 추구한 사람들이 있어왔지만, 아쉽게도 그들의 목소리는 물질적 세태의 흐름을 돌리기에는 아직 미약하다. 더불어 사회적으로도 여러 영역에서 정신의 각성을 촉구하는 새로운 정신운동이 벌어지고 있지만, 아직은 어느 정도 한계가 있다. 그러한 운동에 보편적 확장성이 없는 가장 큰 원인은 대부분 종교, 정치, 교육, 이념 등이 비슷한 집단의 테두리 안에서 주로 이루어지고 있기 때문이다.

인류사회의 문제를 근본적으로 해결하기 위해서는 모든 경계를 허물고, 통합 정신문화를 도출해야 한다. 배타적인 정신문화로는 사회문제가 더욱 심화될 수밖에 없다. 선민사상으로는 인류의 공영과 평화를 이룰 수는 없다. 종교적 배타주의를 해결하는 정신문화를 통해 우리나라가 진정으로 세계를 선도하는 선진국이 될 수 있다.

앞서 보았듯이, 단군의 수행문화에는 모든 민족과 종교를 품어 안을 수 있는 정신이 있다. 다만 문제가 되는 것은 전승과정에서 훼손된 보편성과 더불어 천손민족(天孫民族)이라고 하는 선민의식이다. 다시 전통수행문화를 바로 세우고, 종교적 배타주의를 배격해야 한다.

모든 사회문제를 근원적으로 해결하는 유일한 길은 보편적 정신문화를 통해 인류의 각성을 이끌어내는 것뿐이다. 먼저 우리가 깨어나야 한다. 우리의 수행문화 중에서 보편적 가치를 지닌 정신으로 우리의 중심을 잡고 나서, 다른 나라의 훌륭한 정신문화를 받아들이는 것이 합당하다.

예를 들어, 미국과 이스라엘을 반면교사로 삼아 나쁜 점은 버리고, 좋은 점만 취하면 된다. 동서융합시대에 맞게 모든 종교사상을 포용하는 교육문화사상으로 가는 길이 종교적 갈등을 해결하는 유일한 길이다.

시회문제의 핵심에는 종교사상문제가 있다. 종교문제를 종교로 해결하기는 어렵다. 교육과 문화로 해결할 수밖에 없다. 모든 종교를 아우르는 중심 정신교육문화가 필요하다. 이 점에서 단군시대의 수행문화는 그 중심점이 될 수 있다. 그런 의미에서, 나는 천부삼경을 우리민족만의 종교가 아닌 보편적 수행교육문화로 전환해서 모든 종교를 회통하기를 바란다. 수행문화가 소통의 장(場)이 된다면, 모든 종교가 제 기능을 회복할 것이라고 확신한다.

보편적 수행교육문화를 통해 모든 종교가 다시 태어날 수 있다.

상고사(上古史)에 관한 논쟁이 많다. 역사문제도 역사로 해결할 수 없다. 자칫 국제 간, 국내학술단체 간, 종교 간 분쟁으로 비화될 수 있다. 상고사 문제도 결국 교육문화로 해결할 수밖에 없다. 정신교육문화 콘텐츠로 수행문화가 보편화되면, 역사문제는 자연스럽게 해결된다.

우리로서는 천부삼경과 다른 경전을 서로 비교함으로써 공통의 정신을 이끌어내는 일이 올바른 방향이다. 홍익인간과 재세이화의 우리 민족정신은 우리뿐만 아니라, 모든 인류의 문제를 해결할 수 있는 보편정신이기 때문이다.

수행문화를 통해 나와 우리사회를 바르게 세울 때다.

삶의 수행을 통해 우리는 세상을 조화롭게 사는 밝은 지혜를 얻을 수 있다. 시대의 고통을 더 이상 방치할 수 없다. 밝은 지혜를 통해 갈등과 분열 그리고 고통을 넘어, 온전한 평화를 함께 느낄 수 있을 것이다.

죽음학

아무리 오래 살아도 죽는 순간에는 극히 짧다. 예를 들어, 의료와 생활환경이 개선되어 200년을 산다 해도, 죽는 순간은 찰나에 불과하다. 200년이라는 긴 시간이 죽음에 이르러서는 찰나가 되는 것이다.

오래 사는 것이 축복인가?

한번 곰곰이 생각해 볼 일이다. 단순히 오래 사는 것보다는 아름답고 평화롭게, 성숙해가는 것이 중요하다. 그러므로 죽음을 대비하는 수행이 필요하다.

진실한 나를 찾아가는 수행공부에는 두 가지가 있다.

첫째는 어떻게 살 것인가에 관한 인생학이고, 둘째는 어떻게 죽을 것인가에 관한 죽음학이다. 수행에서는 인생학과 죽음학이 하나로 연결된다. 앞서 역경의 시간관념처럼, 삶과 죽음의 관계는 종시(終始)다. 죽는 순간 또 다른 삶으로 연결되는 것이다.

사고로 갑자기 돌연사하는 경우가 아니면, 죽음이 임박하면 어느 순간에 정신이 밝아진다. 이 현상을 회광반조(廻光返照)라고 한다. 생명의 빛이 다시 돌아왔다는 의미다. 이것은 앞서 역경의 지혜에서 본 동짓달의 지뢰복(地雷復)과 같은 이치다. 양기(陽氣)가 회복된 현상이다. 양기의 밝은 빛을 놓치지 않으면, 좋은 곳에서 새로운 생명을 받을 수 있다. 만약 이때 양기를 더욱 늘릴 수 있는 힘이 있다면, 다시 생명을 연장할 수도 있다. 이것은 수행으로 생명력을 기르지 않으면 불가능하다.

나는 수행을 연구하면서 수행학이 죽음학이기도 하다는 사실을 통감했다. 언젠가 죽음학에 관해 강의를 한 번 해보고 싶었다. 이런 생각이 현실이 되어, 2022년 3월에 <모리와 함께 월요일>이라는 한 단체에서 죽음에 관해 강의를 한 적이 있다. 죽음에 대한 바른 인식을 알리는 곳이라 감회가 컸다. 그때 내 강의 주제는 <죽어야 산다>였다. 나는 죽음이 삶의 원동력이라는 사실을 알려주고 싶었다.

우리는 죽음을 부정적으로 생각하지만, 죽음은 일종의 정화(淨化)라고 할 수 있다. 이번 생을 깨끗이 정리하고, 다음 생으로 넘어가는 생태적 과정이다. 죽음이 없다면, 인류사회는 부패되어 붕괴될 것이다. 기업을 예로 생각해보자.

어떤 대기업의 왕회장이 첨단 생명공학의 혜택으로 200년을 산다고 가정하면, 그 기업은 어떻게 될까? 아마도 인사적체, 임직원의 노화 등으로 조직이 점차 활기를 잃게 되고, 마침내는 마비될 것이다. 조직이든 사람이든, 생기를 잃으면 끝나게 된다. 새로운 생명력이 끊임없이 유입되어야, 생기를 잃지 않을 수 있다.

위와 같은 상상은 현재 우리나라의 미래 모습일지도 모른다는 생각이 든다. 노인의 평균수명이 증가하고 있지만, 신생아 수는 급감하고 있다. 10여 년간 수백 조를 인구부양정책에 썼는데도, 인구는 늘고 있지 않다. 사회의 활력이 크게 떨어지는 추세다. 단순히 돈으로, 행정적인 지원으로는, 막을 수 없는 현상이다.

어찌해야 나라의 활력을 잃지 않고, 미래를 대비할 수 있을까?

이 문제에 대한 답도 수행 차원에서 죽음학을 공부하고 생활화해야 해결될 수 있다. 이제는 노인도 일정 기간은 건강하게 일하고 사회에 봉사해야, 사회가 유지된다. 건강과 맑은 정신을 유지하기 위해서는 수행을 생활화하는 수밖에 없다. 젊은 노동력이 없는 상태에서 노인들이 건강을 의료에 의지한다면, 언젠가 나라경제가 붕괴될 수밖에 없다.

예전에 수행을 많이 한 도인들은 죽을 때까지 활력을 잃지 않았다. 마지막 순간까지 남에게 의지하지 않고 생을 마감한다면, 아무리 오래 살아도 주변에 폐가 안 된다. 오히려 그런 분들의 지혜가 사회를 맑고 건강하게 할 것이다.

죽음을 마주하면서 살아가면, 삶이 다르게 보인다.

죽음과 삶을 평등하게 보면, 똑같은 물질도 소유가 아닌 관리의 대상으로 보인다. 관리와 소유는 상반된 결과를 낳는다. 물질을 소유한다는 개념을 가지면, 지나치게 물질을 추구하지만 역으로 물질의 노예가 될 뿐이다.

그러나 물질에 대해서 관리의 관념을 가지고 있으면, 물질의 주인이 되어 적절하게 베풀 줄을 알게 된다. 그렇게 되면, 사회가 정체되지 않고 선순환이 된다. 노인이 많아진다고 활력이 떨어지지 않는다. 오히려 젊은이들에게 양질의 교육과 문화를 심어줄 수 있다. 사회의 수준이 점점 높아지게 될 것이다.

아무리 돈을 많이 벌고, 권세가 높아도, 죽어서는 가져 갈 수 없다. 그러나 언제 죽을 지도 모르는 어리석은 인간은 가져갈 수도 없는 것을 쌓아두려고, 애쓰고 있다. 잘 죽기 위해서는 잘 살아야 한다. 이것은 우주의 인과법칙이다. 누구도 예외가 없다.

그런데 한 가지 묘한 것이 있다. 잘 살기 위해서는 돈과 명예가 필요할지 모르지만, 잘 죽는 것은 돈과 명예와는 상관이 없다는 사실이다. 오히려 돈과 명예가 많을수록, 죽음을 깨끗하게 맞이하는 데 걸림돌이 많다. 잘 죽기 위한 삶은 수행을 통해 물질의 주인인 정신을 깨우는 데 있다. 그러나 안타깝게도 지금 대부분 사람들의 삶은 거꾸로 물질이 주인이 되어 있다.

평생 물질적 가치만을 추구한 사람은 아무리 좋은 직장에 다녀도, 은퇴 이후에는 공허하다. 자신의 주인 노릇을 한 조직의 구속에서 벗어났지만, 자신 스스로 주인이 되는 법을 모르는 사람은 공허할 수밖에 없다. 더욱이 기대수명이 100세를 지향하는 사회에서 그 공허감은 더욱 길고 클 수밖에 없다.

홀로 남겨져 있을 때가 집중수행을 할 수 있는 좋은 기회다.

그러나 수행을 모르는 노인들은 어떻게 시간을 보낼지 알지 못한다. 얼마 남지 않은 정말 소중한 시간을 허송세월하기 쉽다. 만약 수행공부를 한 사람이라면, 남겨진 시간을 지신의 카르마를 정화하고 사회에 봉사하는 데 쓸 것이다.

인생철학의 중심이 바르게 서있는 사람은 지위와 공간에 얽매이지 않고, 삶 자체가 수행이 될 수 있다. 수행하는 사람은 공허하지 않다. 똑 같은 삶을 살아도, 수행의 삶은 영원한 생명으로 가는 길이고, 그렇지 못한 삶은 죽음으로 가는 길이 된다.

종시(終始)의 인과론적 관점에서 보면, 삶과 죽음은 하나다.

카르마의 에너지는 다음 생으로 이어질 수밖에 없다. 짐승처럼 산 사람은 짐승의 에너지에 끌려갈 수밖에 없다. 사람답게 산 사람은 그에 맞는 파장에 맞는 세상으로 가게 되고, 하늘의 도리를 실천한 사람은 하늘세계에 갈 것이다. 어떻게 살고 있는 지가 어떻게 죽을지를 결정한다.

죽기 전에 죽음을 대면하고 수행공부를 할 수 있는 여러 곳이 있다. 대표적인 곳이 공동묘지다. 그러나 공동묘지는 인생 공부를 위해 자주 찾기에는 여러 가지 환경이 좋지 않다. 그 대안으로 방문하기 좋은 곳들이 있다. 대표적인 곳이 망우역사문화공원이다. 예전에는 망우리 공동묘지였던 곳이다.

이곳은 독립투사, 문화예술인 등 존경받을 만한 분들이 아직도 잠들어 있는 곳이기도 하다. 전체적으로 잘 보존되고 관리되어 있다. 천천히 걷고 쉬면서, 숭고한 뜻을 실천하고 돌아가신 영령들과 자신의 삶을 반추해보는 시간을 가질 수 있다. 건강도 챙기고, 맑은 정신도 기를 수 있어서 일석이조다. 이외에도 다양한 방법으로 죽음과 삶을 동시에 통찰할 수 있다.

사는 것도 존엄하게 살아야 하지만, 죽을 때도 존엄하게 죽을 권리가 있다. 하지만 현재의 장례시스템은 존엄한 생명의 가치가 많이 결여돼 있다. 물질적 차원의 정리가 아닌, 생명정신의 계승 차원에서 장례문화를 바꿔야 한다. 지금은 장례가 너무 형식적이고 상업화된 경향이 많다.

수행문화를 통해 장례문화를 크게 개선할 필요가 있다.

무엇보다 문제가 될 수 있는 것은 병원에서 임종을 맞는 경우다. 아마도 많은 사람이 그럴 것 같다. 재력이 있는 사람은 좋은 병원에서 죽는 것이 다를 뿐이다. 시스템이 잘 갖춰진 곳은 지나치게 상업화되어 있다. 존엄사의 관점에서 보면, 병원에서의 임종은 일종의 객사(客死)라고 할 수 있다. 요즘 주거 형태가 대부분 아파트와 같은 공동주택 형태이기 때문에, 가족들의 편의를 위해서는 병원에서 장례식을 치르기가 편하다. 그것은 가족의 입장이고, 내 입장은 아니다.

나는 내 수행공간에서 죽음을 고요하게 맞이하고자 한다. 현재 지방이 텅텅 비고 있는 상황에서 지방에 내 수행공간을 마련한다면, 지방 공동화 현상도 막을 수 있는 일석이조의 효과도 볼 것이다. 내가 남겨진 가족에게 부담을 주지 않고, 내 삶을 스스로 정리하는 것이 가장 고귀하고 경제적인 죽음이라고 생각한다.

'늙다'라는 말은 동사로서, 진행의 의미를 담고 있다. '젊다'라는 말은 형용사로서, 현재의 상태를 형용한다. 비록 늙어가는 흐름을 막을 수는 없지만, 영원히 늙지 않는 젊은 마음으로 인생을 아름답게 유지할 수는 있다.

수행을 하는 노인은 행복하다.

노년에 큰돈이 없어도 검소하게 생활하면, 물질적 구속을 크게 받지 않고 진리의 세계로 갈 준비를 할 수 있기 때문이다. 수행을 죽을 때까지 지속하면, 맑은 정신으로 죽음을 맞이할 수 있다. 진리가 대자유를 누릴 수 있는 유일한 길이다. 바른 이치를 알고 맞이하는 죽음은 오히려 진리의 세계로 갈 수 있는 기회가 된다.

수행 요점정리

- 오래 사는 것보다 중요한 가치는 잘 늙어가는 일이다.
- 삶이 수행으로 승화되면, 고통을 근원적으로 해소할 수 있다.
- 풍속이 저속하고 도덕이 문란해지면, 문물도 빠르게 흩어진다.
- 에머슨의 융합정신은 당면한 문제를 해결할 실마리가 된다.
- 또 다른 실마리는 유대민족의 정신문화와 교육정신이다.
- 유대인 남자들이 예시바에서 공부하는 1년은 집중수행 기간이다.
- 유대인은 예시바에서 정신문화를 확고하게 다지고 있다.
- 우리민족은 본래 수행의 민족이었다.
- 단군은 도인정지를 대표한다.
- 고조선의 수행체계는 천부삼경에 근거한다.
- 천부삼경의 수행법에는 모든 종교를 포괄하는 수행체계가 있다.
- 흩어진 수행문화를 모아, 수행문화의 전통을 다시 세워야 한다.
- 천부삼경의 수행체계가 중심이 되어 보편정신을 도출할 수 있다.
- 동서융합시대의 보편정신으로 정신문화의 전통을 회복한다.
- 평균수명이 증가했을 뿐, 오래 사는 사람은 거의 없다.
- 죽을 때까지 성찰하며, 인격을 완성해가는 삶이 가치가 있다.
- 수행을 생활화한 도인들은 의식과 체력을 오래 유지하며 살았다.

- 수행은 최고의 생활예방의학이다.
- 총체적으로 균형 잡는 수행의 원리는 건강의 원리와 같다.
- 불균형 요소의 제거와 균형유지가 건강을 지키는 길이다.
- 수행을 일상에서 실천하는 것이 행복하게 늙어가는 비결이다.
- 수행은 편안함에 이르는 길이다.
- 절제와 금욕이 필요한 단계를 지나면, 편안하게 수행할 수 있다.
- 배타적인 선민사상으로는 인류사회의 갈등을 해결할 수 없다.
- 수행문화가 보편적 가치로 필요한 시대가 되었다.
- 인류사회의 문제 해결은 통합정신문화의 도출에 달려있다.
- 종교를 통섭하는 정신문화를 수립해야 세상을 선도할 수 있다.
- 단군의 수행문화에는 모든 민족과 종교를 끌어안는 정신이 있다.
- 사회문제의 근본해결은 정신문화로 인류를 각성시키는 데 있다.
- 보편적 가치를 지닌 우리의 수행문화로 중심을 잡고, 다른 나라의 훌륭한 정신문화를 받아들이는 것이 합당하다.
- 사회문제의 핵심인 종교문제를 종교로 해결하기는 어렵다.
- 보편적 수행교육문화를 통해 모든 종교가 다시 태어날 수 있다.
- 상고사 역사문제도 역사로 해결할 수 없다.
- 정신교육문화 콘텐츠가 보편화되면, 상고사 문제는 해결된다.
- 천부삼경을 중심으로 공통정신을 끌어내는 일이 바른 방향이다.
- 홍익인간과 재세이화의 정신은 인류의 보편정신이다.
- 아무리 오래 살아도 죽는 순간은 극히 짧다.
- 오래 사는 것보다는 아름답게 성숙해가는 것이 중요하다.
- 죽음을 대비하는 수행이 필요하다.

- 진실한 나를 찾아가는 수행공부에는 인생학과 죽음학이 있다.
- 수행에서는 인생학과 죽음학이 하나로 연결된다.
- 죽는 순간 또 다른 삶으로 연결된다.
- 죽음이 임박하면 어느 순간에 회광반조의 현상이 일어난다.
- 이 밝은 빛을 놓치지 않으면, 좋은 곳에서 새로 난다.
- 이때 양기를 더욱 늘릴 수 있다면, 생명을 연장할 수도 있다.
- 죽음은 일종의 정화다.
- 죽음이 없다면, 인류사회는 부패되어 붕괴될 것이다.
- 노인도 일정 기간 건강하게 일하고 봉사해야, 사회가 유지된다.
- 수행하는 노인은 오래 살아도 주변에 폐가 안 된다.
- 수행하는 노인의 지혜가 사회를 맑고 건강하게 할 것이다.
- 죽음을 마주하면, 물질도 소유가 아닌 관리의 대상이 된다.
- 물질을 관리의 대상으로 보면, 물질의 주인이 된다.
- 아무리 돈이 많고, 권세가 높아도, 죽어서는 가져 갈 수 없다.
- 잘 죽기 위해서는 잘 살아야 한다. 이것은 우주의 인과법칙이다.
- 잘 죽는 데는 돈과 명예가 필요 없다.
- 물질적 가치만을 추구한 사람은 대부분 은퇴 후에 공허하다.
- 물질의 주인이 되는 법을 모르기 때문이다.
- 홀로 남겨져 있을 때가 집중수행을 할 수 있는 좋은 기회다.
- 수행한 사람은 여생을 카르마 정화와 봉사하는 데 쓸 것이다.
- 수행하는 사람은 공허하지 않다.
- 수행의 삶은 생명의 길이고, 그렇지 못한 삶은 죽음의 길이 된다.
- 종시의 인과론에서 보면, 카르마는 다음 생으로 이어진다.

- 짐승처럼 산 사람은 짐승의 에너지에 끌려갈 수밖에 없다.
- 사람답게 산 사람은 그에 맞는 파장에 맞는 세상으로 가게 되고, 하늘의 도리를 실천한 사람은 하늘세계에 간다.
- 사는 것 못지않게 죽을 때도 존엄하게 죽을 권리가 있다.
- 생명정신의 계승 차원에서 장례문화를 바꿔야 한다.
- 수행문화를 통해 장례문화를 크게 개선할 필요가 있다.
- 병원에서의 임종은 일종의 객사라고 할 수 있다.
- 삶을 스스로 정리하는 것이 가장 고귀한 죽음이다.
- 수행을 하는 노인은 행복하다.
- 검소하게 생활하면, 물질적 구속을 받지 않고 진리의 세계로 갈 준비를 할 수 있다.
- 바른 이치를 알고 맞이하는 죽음은 진리의 세계로 가는 기회다.

에필로그
수행문화가 K-정신교육문화의 핵심

우리사회의 모순과 갈등을 해결하고 새로운 시대로 도약하기 위해서는, 우리가 겪고 있는 고통의 근원을 해결해야 한다. 성인의 말씀을 종합하면, 고통의 근원은 나 자신에게 있다.

그리고 《경계를 넘어 통합을 보다》에서 지적했듯이, 나 자신은 또한 내가 관계하는 세상이기도 하다. 때문에 나를 바르게 세우고, 바른 정신으로 관계의 망을 넓혀 세상으로 확대하는 길만이 작게는 내 자신과, 크게는 우리사회와 세계의 문제를 해결할 수 있는 단초가 될 것이다.

물질과 정신은 인간의 영원한 딜레마다. 세속적인 삶도 수행적인 삶도 모두 두 극단의 모순 속에 성공과 실패가 있다. 육체를 가진 인간은 물질의 도움을 받아 살아야만 한다. 그러나 물질을 조화롭게 조율할 수 있는 정신이 없다면, 물질은 인간을 파괴시키는 가장 강력한 무기가 될 것이다.

물질과 정신의 조화로운 조율이 세상의 불행을 근원적으로 막을 수 있다. 물질과 정신의 조화는 수행문화에 달려있다. 온전한 행복은 수행을 통해 균형조율의 정신을 체득해야 가능하다.

현재 물질과학의 한계를 정신과학으로 해결하려는 연구가 활발히 진행되고 있다. 상당한 성과를 보이고 있지만, 아직은 부족한 면이 많다. 가장 큰 문제는 정부기관의 과학기술 담당자뿐만 아니라 과학교육을 담당하고 있는 학자들 사이에서도 정신과학에 대한 이해 부족이다.

이미 서양의 물리학자들이 정신세계에 대한 이해가 없이는 융합물리학이 발전할 수 없다는 점을 인정하고 있다. 현대물리학을 선도한 아인슈타인, 닐스 보어, 하이젠베르크는 동양의 정신에서 물리학의 한계를 극복했다. 부끄러운 얘기지만, 그들이 우리보다 더 동양의 주역과 정신세계의 장점을 잘 이해하고 소중히 여겼다.

정신과학은 수행문화를 모르고서는 깊이 들어갈 수 없다. 앞으로 고도의 정신세계를 이해하는 학자만이 물질의 한계를 깰 수 있을 것이다. 그런 차원에서, 첨단 과학자는 수행을 통해 의식수준을 높여야 한다. 정부 관료도 마찬가지다.

선진국 정부는 이미 정신세계에 대한 투자를 활발히 하고 있다. 우리도 정부 차원에서 활발히 정신과학에 대한 투자를 아끼지 말아야 할 때다.

지금 세계는 전쟁 중이다. 무역전쟁, 화폐전쟁, 기술전쟁 등등 보이지 않는 전쟁뿐만 아니라 실제로 포탄이 날아다니는 전쟁까지 우리의 생존을 위협하고 있다. 자국의 국익을 위해 강대국들은 보호무역의 장벽을 높이고 있다. 주로 외국과의 무역에 의존하고 있는 우리는 현재 그 장벽을 뚫기 힘든 상황에 놓여있다.

새로운 돌파구는 정신교육문화에 있다.

우리가 세계에 가장 당당하게 내세울 수 있는 것은 양질의 문화밖에 없다. 수행문화의 전통은 고조선의 단군정신문화, 신라의 화랑도 등에서 엿볼 수 있다. 우리의 수행문화전통을 현대적으로 발전시키는 것이 이 시대의 혼란을 종식시킬 뿐만 아니라, 새로운 융합문명의 시대를 여는 열쇠다.

내가 이 책을 쓰는 이유는 수행을 본격적으로 하겠다는 의지를 표명한 것이기도 하지만, 수행을 통해 얻어진 체험 결과들을 수행문화 콘텐츠로 만들기 위한 모델링 작업을 하려는 것이다. 어느 시대나 새 시대를 선도적으로 이끈 나라는, 표현방식은 다르지만, 새로운 통합정신으로 국민들을 깨웠다. 문예부흥, 종교혁명 등이 다 그러한 예다.

물질과 정신이 융합하는 미래에 맞는 정신은 우리의 전통수행문화가 가장 적절한 대안이 될 수 있다. 이 점에서, 수행문화가 K-정신교육문화의 핵심이라고 할 수 있다.

수행문화는 요람에서 무덤까지 인간의 모든 삶에 관계된다. 따라서 수행문화를 산업전반에 적용할 수 있다. 예를 들어, 수행의 원리를 이용해 음식산업이나 가구산업에 적용할 수 있다. 심신을 편안하고 활력 있게 만드는 음식이나 인체공학적인 가구를 만든다면, 획기적인 제품이 될 것이다.

다른 영역에도 마찬가지로 활용될 수 있다. K-정신교육문화를 중심으로 모든 산업을 융합할 수 있다. 이 점에서, 수행문화가 새로운 도약을 위한 모멘텀을 제공할 것이다. 무엇보다 수행문화를 통해 기업가의 정신이 밝게 깨이면, 우리사회의 불균형 문제가 근본적으로 해결될 수 있다. 그리고 바른 기업가의 정신이 세계로 파급되면, 세계평화에 크게 기여할 것이다.

수행문화를 적용할 수 있는 가장 좋은 분야는 교육 분야다. 지금의 교육은 분업화 시대에 맞는 전문가를 양성하는 데 초점이 맞춰져 있다. 그러나 앞으로는 물질과 정신이 융합하고, 동양과 서양이 융합하는 시대에 맞게, 교육의 내용과 시스템을 전면적으로 전환해야 할 시점이다. 그 핵심은 지덕체(智德體)를 균형 있게 교육 및 학습하는 교사-학생 쌍방향 전인교육이다.

진정한 전인교육은 최적의 몸과 마음으로 조화로운 삶을 지향하는 수행문화를, 교육시스템과 커리큘럼 속에 구현해야 완성될 수 있다. 나는 그 준비로 《나답게 사는 법》에서 균형조율교육 프로그램을 제시한 바 있다.

우리사회에 갈등과 다툼이 너무 많다. 서로 간의 원망을 해소하지 않고서는, 평화와 번영을 기대하기 힘들다. 원통한 마음을 풀어주는 진정한 해원(解冤)은 억울하게 죽은 영령들을 천도하는 제사도 중요하지만, 살아있는 사람들 사이에서 서로 이해하고 용서하는 정신문화를 회복하는 일이 더 급선무다. 삶의 해원이 죽음의 해원보다 훨씬 강력한 효과를 낸다. 그런 연후에, 국민정신을 대동단결할 수 있게 만드는 통섭의 장을 만들면 된다.

정신이 없는 민족은 결국 사라질 수밖에 없다.

수천 년의 전통을 지닌 종교는, 사이비로 분파되지 않은 이상, 모든 사람에게 통용되는 공통의 정신을 지니고 있다. 지금까지 연구한 결과, 유불도는 하나의 도리를 말하고 있고, 그 정신이 예수의 정신과 다르지 않다는 사실을 깨달았다.

모든 종교는 진리에 이르는 길을 제시하고 있다. 다만 그 방식이 다를 뿐이다. 진리의 본체는 절대적이지만, 현실에서 진리의 구현은 상대적이기 때문이다. 따라서 수행문화를 통해, 상대적 모순을 포용하고 조율하는 정신을 함양하는 것이 우리사회의 문제를 풀어가는 올바른 방향이다.

우리는 단군의 후손이다. 보편적 수행체계를 지닌 수행문화의 전통을 융합사회에 맞게 발전시키는 일이 이 시대의 문제를 푸는 근본 해법이다. 단군의 후손으로서 우리는 홍익인간 재세이화의 정신으로 모든 종교사상을 하나로 소통시킬 책무를 가지고 있다.

지금까지 수행을 연구하면서 많은 사람들의 도움을 받았다. 모든 분들에게 감사한다. 이제 실제로 수행을 하는 출발점에 서있다. 앞으로 뜻을 함께 하는 분들과 더불어 새로운 수행문화의 장(場)을 만들고자 한다. 뜻있는 사람들이 모여 수행문화를 함께 가꾸어나가길 소망한다. 바른 뜻이 모이면, 세상이 바르게 바뀐다.

나를 찾을 결심

온전한 행복을 위한 수행공부

발행일 | 2023년 5월 4일
지은이 | 서동석
펴낸곳 | 에머슨하우스 교육연구소
편집/디자인 | 코아월드
인쇄/제작 | HS미디어

에머슨하우스 교육연구소
주소 | 03012 서울시 종로구 진흥로 432,
요진오피스텔 513호(구기동)
전화 | 02-395-8806
팩스 | 02-395-8068
E-mail | eastosuh@daum.net

신고번호 | 제 2021-000149호
ISBN 979-11-977263-1-6